The Choice of Regional Banks
Management Strategy

㈱浜銀総合研究所 社長
伊東　眞幸［著］

地銀の選択

── 一目置かれる銀行に

一般社団法人金融財政事情研究会

はじめに

筆者は『週刊金融財政事情』において、二〇一三年九月から一四年一月にかけ六回にわたり、「地銀連携」について意見を述べてきた（そうした意見は、一四年五月に金融財政事情研究会より出版した『地銀連携――その多様性の魅力』に集約されている）。

それは、このままでは地銀は近い将来、相当程度厳しい経営環境に置かれるに違いない、そしてそれを食い止めるためには地銀同士が協力し合い、ライバルにはない「強み」をもつしかない、という筆者の「強い思い」があったからである。そして、そうした「強い思い」は、筆者が銀行時代に多少なりとも手伝わせてもらった「地銀連携」でのさまざまな経験がそのベースになっていたのである。

「地銀連携」はここ数年で、当初筆者が想定していた以上のスピードでその「広がり」をみせている。そして、それは間違いなく、地銀各行の経営者の意識のなかで、「健全な危機感」が一〇年前に比べて格段に「存在感」を増してきた「証」であるといえよう。しかしながら筆者は、『地銀連携――その多様性の魅力』を書き終えた後の「安堵感」に浸る間もなく、実は、一つの漠然とした「不安」が急速に自分の頭のなかに広がり始めるのを感じた。

すなわち、こうしてつくりあげ強化しようとしている「地銀連携」ではあるが、それを有効に活用し、さらには充実させることだけで、はたして地銀は今後長きにわたって、引き続き「繁栄」し「安泰」でいられるのであろうか、という「不安」である。筆者は、この漠然とした「不安」の中身を見極めようと、繰り返し頭を整理するなかで、最終的には次のような考えに至ったのである。

つまり、この「地銀連携」は、たとえれば一種の「防波堤」のようなものではないか。すなわち「防波堤」は、ある程度の高さの水であれば「民家」を守ってくれる。ただし、水の高さがその一定水準を超えた途端、それぞれの「民家」が、たとえば玄関に「土嚢《どのう》」を積んでおくとか、あるいは、一階部分は車庫にして玄関を二階にしておく、といった個々の「防衛策」をとらない限り、「浸水」は免れない。

したがって、地銀各行も「地銀連携」という「防波堤」のなかで、それぞれの銀行が「自らの頭」で考えた「自行の進むべき道」という「防衛策」を決定し、それに向かって努力しなければ、将来のさらなる「繁栄」「安泰」は望めないであろう、ということである。

「そんなことは、昔からわかりきったことだ。なぜ、いまさら、そんなことを言い出すのか！」という読者もいるかもしれない。しかしながら、先ほど筆者が述べたように、地銀の経営者の意識のなかで、着実に「健全な危機感」が存在感を増してきたのは、まさにここ数年であり（と筆者は感じている）、逆にいまだからこそ、こうした意見にも「耳を傾けてくれるのではないか」と考えるからである。そして、この「自行の進むべき道」を決定するということは、各行が「選択と集中」を実行する、ということであると筆者は考える。

「選択と集中」が他業界で「正攻法」とされ、よく行われているのは承知しているが、銀行業とはかかわりのない「別の世界」の話である。「われわれ地銀は、地元地域でこれまで必要とされる業務を行ってきたし、今後も行うつもりだ。いったい『何のために』『何を選択しろ』というのか⁉」という声が「にわかに」聞こえてきそうである。まず、「何のために」と問われれば、「生き残っていくために」と答えざるをえない。

そして、他業界で「正攻法」であっても、銀行業では「正攻法」ではない、と言い切れるだけの理由が特段見当たらないことから、この「正攻法」を地銀においても行うべきである、と筆者は考えるのである。

また「何を選択するか」については、本文のなかで細かく論じていくこととしたい。

なお、本書の内容は二〇一四年二～六月にかけて『週刊金融財政事情』に連載したものをベースに加筆したものである。

二〇一四年七月

株式会社浜銀総合研究所
代表取締役社長　**伊東　眞幸**

目　次

第1章　選択と集中

第2章　コスト重視

第4章 戦略的機能重視

第5章 個人と法人

第6章　モデル選択と地銀連携

コラム

第1章

選択と集中

1 具体的な選択肢

「選択と集中」を行う場合、具体的に、地銀にはどのような選択肢があるのだろうか。以下、筆者の独断と偏見で分類することをお許しいただきたい。

まず、「コストを重視」するのか、「専門性・ホスピタリティを重視」するのか、あるいは「戦略的機能を重視」するのか、この選択がX軸である。一方、Y軸のほうは、「個人を重視」するのか、「法人を重視」するのか、すなわち3×2のマトリックスが選択肢となる。地銀にとって「公共・マーケット」の重要性は否定しがたいが、やはり、個人や法人を差し置いてそれらを「主として重視する」とするのはさすがにむずかしい、との判断から、Y軸における「公共・マーケット」という「第三の選択肢」は排除した（図表1－1参照）。

また、世上よくいわれる、営業地盤を「地元県内に集中」するのか、あるいは「広域展開」するのかについて、筆者は「選択肢」の一つとしなかった。理由の一つには、それを入れると、Z軸を加えた「三次元」のマトリックスになり、より複雑化してしまう、ということもあるが、それ以上に、このテーマは必ずしも世上騒がれているほど「本質的」な問題ではない、と考えるからである。

機会があれば別途説明したいが、前述した図表1－1のマトリックスで「集中すべき分野」を決定し、その後、銀行全体として「精進」した結果、それが「目指すべき水準」に達することができれば、現在「地元県内だけ」で営業している地銀が「広域展開」しても、十分ライバルと戦うことは可能であろうし、また、逆に「目指すべき水準」に達することができないのであれば、たとえ地元県内に営業基盤を「絞った」としても、将来は必ずしも安泰とはいえないからである。

そしてもう一つ、「M&Aによる規模拡大」という項目も「選択肢」から外した。たしかに規模を拡大するこ

図表1－1　具体的な選択肢

X軸 / Y軸	(1) コスト重視	(2) 専門性・ホスピタリティ重視	(3) 戦略的機能重視
個人重視			
法人重視			

とにより、いわゆる「規模の利益」が働き、「コスト面」で優位性を発揮することができるのは事実である。そして今後、人口が減少していくなかでは、従来のような「オーガニック・グロース」（自社の内部資源を活用しての成長）でそれを実現しようとしてもなかなかむずかしく、やるとすれば「M&A」で、という考えはよく理解できる。

しかしながら、もしそれが「目的」であるとするならば、選択肢のなかの「コスト重視」を選ぶべきであり、「M&A」はそれを行うための一つの「手段」にすぎない。また、「規模の利益」が働くとしても、合併後、効果が表れるまで最低数年を

図表1－2　選択肢から排除した項目とその理由

項　目	理　由
（Y軸の選択肢として） 公共・マーケット	個人や法人を差し置いて、「主として重視する」とするのは、さすがにむずかしい
（X・Y軸以外で） 地元集中／広域展開	選択肢に入れるほど、「本質的」な問題ではない
（X・Y軸以外で） M&Aによる規模拡大	・合併によりコスト面で優位性を発揮したいなら「コスト重視」を選ぶべき ・他の項目が「自助努力」で解決するのに対し、「相手のある」話である本項目はなじまない

待たなければならない。さらには、各行の「自助努力」で目指すべき方向性を議論しているこの「場」において、多分に「相手のある」話である「M&A」は「なじまない」との判断である（図表1－2参照）。

それでは、以下、X軸・Y軸それぞれの項目について少し詳しくみていくこととしたい。

2 コストの重み

昨今、金利競争が一段と激化している。もちろん、「適正な競争下」（この定義はむずかしいが）における銀行間の金利競争は、消費者に利益をもたらすとともに、ある意味、銀行にとっても競争を通じて「健全な発展」を促す効果をもたらす。しかしながら、最近の金利競争は、こうした程度をはるかに超えたものであり、「消耗戦」の様相を呈しているとさえいえる。

メーカーにおける「低価格戦略」は、攻める側が一時的にある商品の価格を引き下げることにより、マーケットシェアの拡大を図り、ついにはライバルをマーケットから「退出」させ、その後、その商品の価格を適正水準に戻し、安定的な利益をあげていくという戦略である。退出したメーカーは、一般的には、当該製品製造に必要な「機械設備」を廃棄するか他社に売却してしまうため、その後、再度マーケットに参入したいと考えても、設備投資を新たに行う必要があるなど、簡単には「再参入」できない。

それでは、銀行間の「金利競争」はどうであろうか。攻める銀行が低金利で攻勢を仕掛け、ライバル行があまりの金利の低さに嫌気がさし、そうした「低金利水準の案件」にしばらく「取り組まなかった」とする。こうした場合でも、ライバル行が安定的に預金を確保さえしていれば、低金利「仕掛け行」が、金利をそろそろ引き上げようかと動き出した途端、ライバル行は（新たな「設備投資」など行わなくても）いとも簡単に、再び「貸出」を再開（そのマーケットに「再参入」）することができるのである。

したがって、銀行業においてはメーカーと異なり、「価格競争」（＝「金利競争」）は、必ずしもその「仕掛け行」に「いい結果」をもたらすとは限らず、どちらかというと「仕掛け行」と「ライバル行」両者の「消耗戦」になる可能性が高い。それでは、銀行業において「金利競争」はまったく機能しないのであろうか。また機能するとしたら、どのような銀行がそれを「仕掛け」、自らも収益をあげながら、最終的に競争に「勝ち残る」ことができるのであろうか。その答えは、長い目でみて「ローコスト・オペレーション」ができる銀行であり、その銀行が唯一、それを行うことができるのである。

銀行員であれば、「ローコスト」というと、調達金利である預金レートがまず頭に浮かぶが、現在の「超低金利下」においてはどの銀行もほとんど差はない。しかしながら、銀行全体の「当期利益」ベースを考えるならば、人件費・物件費等がその

図表1－3　3つの選択肢の「目指す姿」

	目指す姿
⑴コスト重視	将来の「金利競争」をはじめとしたライバルとのさまざまな「苦しい戦い」に際し、最終的に勝ち残れるような「体力」をもてるよう、恒久的に「ローコスト・オペレーション」を指向する銀行
⑵専門性・ホスピタリティ重視	取引先に真に役立つことを第一に考え、専門的で高品質なサービスを、洗練された接遇を介して提供する「金融のプロ集団」を指向する銀行
⑶戦略的機能重視	取引先のさまざまなニーズに、効率的に応えるシステマティックな仕組みを構築し、結果として、取引先の自行に対するロイヤリティーを高めることのできる「戦略的機能集団」を指向する銀行

大宗を占める「経費」が大きくものをいうことは容易に理解できるであろう。したがって、経費を業務粗利益で割った比率、いわゆるオーバーヘッド・レシオ（ＯＨＲ）が低い銀行は、こうした熾烈な「金利競争」に最終的に勝ち残れる「体力」をもつ銀行であるといえよう。

よって、将来の「金利競争」をはじめとしたさまざまな「苦しい戦い」を意識して、「コスト重視」を選択し、そうした銀行を目指して「体質改善」を図るのはきわめて重要なことである。

したがって、「コスト重視」モデルの「目指す姿」は、「将来の『金利競争』をはじめとした、ライバルとのさまざまな『苦しい戦い』に際し、最終的に勝ち残れるような『体力』をもてるよう、恒久的に『ローコスト・オペレーション』を指向する銀行」であるといえよう（図表１－３参照）。

3 専門性・ホスピタリティの魅力

企業経営者は自社の将来展望を図るため、常に「アンテナ」を高くし、自らの企業が属する業界のみならず、自社・業界に影響を及ぼしそうな他業界の動きや、さらにはグローバルな社会・経済情勢なども細かくチェックし、人知れず「次の一手」を打つべきタイミングを計っている。

しかしながら、地銀の主たる取引先である中小企業の社長は、こうした「情報」の真偽性の確認やその分析について、相談できるような相手が社内に見つからず、「銀行員」にそれを期待しているのである。また、いざ「次の一手」を打つべき時が来たと「腹を固めた」ときに、自社にとってどういう資金調達方法が選択肢としてあり、それぞれどういう長所・短所があるのか等をはじめとした、さまざまな「専門的」アドバイスを客観的に行ってくれる「金融のプロ」を必要としている。

同様に、取引先が個人の場合でも中長期的にみて、自らの「ライフステージ」に応じて起きてくるであろうさまざまな「イベント」を想定し、その際にはどの程度の資金が必要であり、そのためには比較的余裕のある現在、どのような貯蓄・運用を行うべきか等について、専門的な知識をもつ「金融のプロ」のアドバイスを必要としている。

したがって、銀行全体として、こうした専門性の高い「知識・ノウハウ」をもつ「金融のプロ」を渉外担当者・テラーとしてどれだけ多く抱えられるか、そして、そうした人員をうまくまとめあげながら、専門性をもつ「金融のプロ集団」である銀行として、自行をどれだけ取引先に、そして世間一般に認知してもらえるかがきわめて重要である。

また今後、高齢化が進むなかで、銀行に対して、さまざまなサービス提供の要望が寄せられることが予想される。たとえば、より利用しやすいかたちでの「リバース・モーゲージ」のサービス提供もその一つであろうが、その他、銀行にとっても魅力のある「有料サービス」への要望も数多く出てくる可能性は十分ある。

こうした「高齢者向け」サービスに限らず、対象が限定された「ニッチ・マーケット」に対するサービスであっても、それが的確かつタイムリーに提供されれば、有望な「ビジネスユニット」として成長する可能性は十分ある。問題は、いかに「早く」そうしたものを「見つけ出し」、他行に先んじて「取り組み」、さらには自行の「優位性を確立する」

か、ということが重要なのである。

さらに、取引先のさまざまなニーズに対して、「洗練された」接遇で応えられる「ナンバー1コンシェルジュ」としての地位を確立することも重要である。そして、「ナンバー1コンシェルジュ」のコアコンピタンスは、取引先がもつ内なる「悩み」や「要望」に対して、なんとかして「役立ちたい」という「思いやり」、そして、具体的な対応を行うことによって取引先に少しでも「喜んでもらいたい」という「ホスピタリティ」なのである。

したがって、「専門性・ホスピタリティ重視」モデルの「目指す姿」は「取引先に真に役立つことを第一に考え、専門的で高品質なサービスを、洗練された接遇を介して提供する『金融のプロ集団』を指向する銀行」であるといえよう（前掲・図表1－3参照）。

4 戦略的機能の強み

地銀と業種やスケールは異なるが、たとえば、海外のステート・ストリート、バンク・

オブ・ニューヨーク・メロン、ＪＰモルガン・チェースなどは、「グローバル・カストディアン」（複数国の有価証券の保管・管理業務を行う者）として、世界で揺るぎない地位を誇っている。また、某メガバンクのように「宝くじ」事業において、実質的に「独占」に近いかたちで業務を行っている銀行もある。

こうした銀行の強みは、世間一般に認知された「優位性」のある「機能」をもつということである。こうした、「大がかり」な「ビジネスモデル」を、これから「新たに」つくりあげるのは「非現実的」であるが、筆者が、前著『地銀連携――その多様性の魅力』において提案した「地銀共同センター活用におけるビジネスマッチング」なども、そうしたものの「一端をなす」ことにはなるのかもしれない。

また、銀行では古くからいわれている、主として個人・個人事業主を対象とした「取引先の組織化」や、各種「集まる預金」強化のため、地元企業・学校等へのさまざまな「仕掛けづくり」なども、規模は小さく「目新しさ」には欠けるものの、広い意味でこうした部類に入るかもしれない。すなわち、ライバル行にない「優位性」のある「機能」をもち、取引先を効率的に自行のビジネスフィールドに「囲い込む」ことにより、ライバルとの競争を有利に戦っていくことは十分可能だ。

こうしたことの一つひとつは「ささやか」な「機能」であるかもしれないが、いくつかの「機能」を併せ持つことにより重みが増し、また、シナジー効果が生まれてくる可能性も十分ある。そして、そうした「戦略的機能」の利便性・価値を取引先や世間一般から認めてもらい、自分たちにとって、「重要な機能をもつ銀行」であると「認知」され、「評価」され、「利用」されることが重要なのである。

すなわち、「戦略的機能重視」モデルの「目指す姿」は「取引先のさまざまなニーズに、効率的に応えるシステマティックな仕組みを構築し、結果として、取引先の自行に対するロイヤリティーを高めることのできる『戦略的機能集団』を指向する銀行」であるといえよう（前掲・図表1－3参照）。

5 個人か法人か

個人か法人かという話になると、地元には個人顧客も法人顧客もいるのだから、何も片方にだけ「特化」する必要はないのではないか、という向きもあるかもしれない。それはそのとおりであり、筆者は何もどちらか一方に「絞り込め」といっているわけではない。文字どおり、どちらか一方を「重視すべし」といっているのである。地銀を取り巻く経営環境は今後ますます厳しくなり、さまざまなライバルが、「専門性」をもって全力投球で地元のマーケットに「雪崩《なだ》れ込んでくる」ことが予想される。

そうしたなかで、これを迎え撃つ地元地銀は、まずは「主要管理先」をしっかりと守り切ることが重要だ。そして、その際のポイントは、日頃から、渉外担当者が取引先と、どれだけコミュニケーションをとれているか、また、そのなかで得られた取引先のニーズにどれだけタイムリーかつ十分なレベルで応えられているか、さらには、その「専門性」にかかわる「一歩先んじた」情報や知識をどれだけタイムリーに提供できているか、などである。

現状、多くの地銀では、取引先を担当する渉外担当者に、いわゆる「総合担当制」をしいている。すなわち、一つの地域内にある個人ならびに法人の取引先の管理を、その地域を受け持つ渉外担当者に一括して行わせるものである。たしかに、この制度のメリットは多い。すなわち、担当地域を「面」で管理できるため、取引先を訪問する際の「移動時間のロス」が少なくなる。また銀行全体として、たとえば「今期は個人の投資型商品を伸ばしたい」と考えれば、渉外担当者全員に「個人担当」としての業務に重点を置かせればよく、個人・法人間での「営業の力点」の置き方が「柔軟」に変更できるのである。

ただ一方で、個人・法人どちらの業務に関しても、「専担制」をとるライバルの担当者に比べ、その「専門性」（知識・経験）が劣後するのは甘受しなければならない。そして、時代とともに銀行業務が多様化・複雑化するなかにあって、この「専門性」の劣後はライバルとの厳しい競争において不利な状況をもたらすことにも十分留意しなければならない。

したがって、今後は個人渉外・法人渉外の区別を明確化したうえで、その専門性を高め、さらには銀行全体として、個人・法人のどちらに重点を置くべきかについて、しっかりと議論し、判断した後に、しかるべき「戦力配分」を決定すべきであると考える（図表1－4参照）。

図表1－4　渉外担当者の「総合担当制」のメリット／デメリット

メリット	・担当地域を「面」で管理できるため、取引先を訪問する際の「移動時間のロス」が少ない ・個人、法人間での「営業の力点」の置き方が柔軟に変更できる
デメリット	「専担制」をとるライバルの担当者に比べると「専門性」（知識・経験）が劣後する

6 X軸の選択、Y軸の選択

Y軸の個人か法人かという問題は、地銀の主要な取引先として、個人・法人の双方がともに存在することから、どちらか一方の「選択」ではなく、あくまでもいずれかに「重点を置く」、という話になるであろう。一方、X軸の「コスト重視」「専門性・ホスピタリティ重視」「戦略的機能重視」については、経営資源が限られるなか、より効果的な「選択」を行うという前提に立てば、いずれかに「重点を置く」ということではなく、あくまでもいずれか一つを「選択」し、それに向かって経営資源を「集中的投下」することになる。

ただ、その趣旨から、X軸のいずれかを選択した以上は、個人も法人も、その選択した「方向性」にベクトルを合わせ、ともに歩んでいくことになる。以上をふまえ、図表1－1は図表1－5のように訂正したほうがいいのかもしれない。

三つのうち、どれがいちばんいい「銀行モデル」かという「優劣」はない。個々の地銀が存する地元マーケットの状況、自行の経営資源（ヒト・モノ・カネ）の状況、そして今後の日本の銀行業全体の「行方《ゆくえ》」に対する経営者の「洞察」などを総合して、それを選択していくべきであろう。繰り返しになるが、どの選択肢を選んでも、努力して取り組んだ結果、その内容が「目指すべき水準」に達することができるのであれば、「広域展開」も「実りあるもの」となるであろうし、また、必要となれば「優位に」M&Aを行っていくことも「夢」ではない。

「目指す目標（＝選択肢）」が何であれ、要は自らが「健康体」であり、か

図表1－5　実際の選択肢

X軸 Y軸	(1) コスト 重視	(2) 専門性・ ホスピタリティ 重視	(3) 戦略的機能 重視
個人重視 			
法人重視			

（注1）　個人と法人については、どちらか一方を「選択」するのではなく、あくまでもいずれかに「重点を置く」ことになる。
（注2）　X軸のいずれかを選択した以上は、個人も法人も、その選択した「方向性」にベクトルをあわせ、ともに歩んでいくことになる。

つ「その道」（＝選択肢）に「秀で」、「一目置かれる銀行」になることこそが重要なのである。「選択」するのはむずかしく、また、それが自行の将来の「在り様《あよう》」を決定づけていくと考えると、その「決断」の重みは計り知れない。

しかしながら、逆に、「現状のまま」でいることの「リスク」も決して小さくなく、健全な「いま」だからこそ、地銀はそうした「選択」ができるのだ、ともいえよう。将来が「見通せない」不透明な時代において、地銀経営者の「選択と集中」という「勇気ある決断」を心より期待するところである。

コラム1 若手に任せる（その1）

筆者は銀行の役員時代、経営企画部を担当していた期間が長かったせいか、外国証券会社の東京支店に勤める日本の若手ビジネスマンに会う機会が多かった。それも、ただ表敬訪問を受けるだけでなく、国内での資金調達の具体的な提案を受けたり、海外IRに一緒に行ったりと、彼らの「働きぶり」をつぶさにみる機会が多かった。そして、そうしたなかで強く印象に残ったのは、彼らの「タフガイさ」であった。

どういう意味での「タフガイさ」か？

一つ目は、徹夜して資料をつくった翌日でも、そんなことは噯《おくび》にも出さずに仕事をバリバリやる、という「肉体的」なタフガイさ。二つ目は、入社して四～五年目でも、銀行の代表取締役を相手に「臆することなく」議論してくる、という「精神的」なタフガイさ。そして三つ目は、どんな過酷な状況においても、冷静かつ沈着に頭脳を急速回転できる「頭脳的」なタフガイさ、ということである。

同年輩の日本の銀行に勤める若者と比べると、その違いは「一目瞭然」だ。誤解があるといけないのでお断りしておくと、筆者は何も、日本の銀行に勤める若者が「優秀」ではない、などというつもりはさらさらない。それどころか、日本経済全体のことを考えれば、銀行が優秀な学生を集めすぎているのではないか、と逆に心配する部類である。それでは、どうしてこのような「差」が出てくるのか。

一つ考えられるのは、会社がそういう「素養」のある学生を厳しく「選別し」採用しているということである。たしかに、「採用基準」は企業により異なっても不思議はない。たとえば外国証券会社の場合、「英語力堪能」などという項目が最重要と思われがちであるが、実は、文武両道の「知恵」と「体力」の双方に優れた人物を採用しているのかもしれない。あるいはそれに、「強固な精神力」という項目も入るのかもしれない。

しかし、少し冷静になって考えると、同じ金融機関であるならば、学生に期待する「素養」の大枠に、それほど大きな「違い」があるとは考えにくく、そうだとすると、入社後の企業側対応にこそ、その原因があるのではないか、と考えざるをえない。

それでは具体的に、企業側の対応にどのような「違い」があるのか。筆者が想像するに、外国証券会社等では、次のような「基本方針」のもと、新入社員の「教育」を行っているのではないかと考える（もし、違っていたらお許しいただきたい）。

すなわち、一つ目はきめ細かな「ＯＪＴ」、二つ目は徹底して「鍛え上げる」、そして三つ目は少しでも早く「独り立ち」させる、ということである。

コラム2

若手に任せる（その2）

コラム1で紹介した外国証券会社等における教育「基本方針」の一つ目についていえば、外国証券会社の「プレゼン資料」はすばらしい（だからといって、何も日本の証券会社の資料はそうではない、といっているわけではない）と感じる読者は少なからずいると思われる。こうした「プレゼン資料」作成は、基本的には新人の仕事とされているが、こうしたものを入社間もない新人が、初めから一人でつくれるわけもなく、当然、上司や先輩が付きっ切りとなり、細かい指示や指導を行いつくりあげていくのであろう。したがって、こうしたOJTが社内でいかにきめ細かに行われているかが容易に想像できる。そして、それは昨今、OJTの「希薄化」が指摘されている日本の銀行とはかなり「趣」を異にするのである。

二つ目についていえば、外国証券会社は非常に厳しい。ただし、何をしても怒鳴られる、という意味での厳しさではなく、「よく」できれば「褒め」、出来が「悪い」のなら「叱る」という「メリハリ」がついた「躾《しつけ》」がしっかり行われている、といったほうがいいのかもしれない。また、その「よく」できるという「レベル」自体も、日本の銀行のそれと比べて数段高いのかもしれない。したがって、何かと「精神的」に弱いとされる「最近の若者」に対し、非常に「気を遣う」あまり、出来が「悪い」事柄についてさえ、しっかりと「叱る」ことのできない日本の銀行とは大きな違いがある。

そして三つ目についていえば、外国証券会社の若手の「独り立ち」はきわめて早い。もちろん、入社後一～二年目の者が、一人で顧客を訪問することはさすがにないかもしれないが、それでも入社後三～四年目の先輩に連れられ同行訪問する程度のことはざらにある。逆にいえば、そうした先輩は後輩を連れて取引先を訪問し、しっかりビジネスを行っているのである。訪問先の面会者が部長あるいはグループ長など、それなりの人物であろうことを考えれば、日本の銀行ではとても考えられない「成長ぶり」である。

これは、何も日本の銀行に限ったことではないが、一般的に日本の企業は、若い人に「責任ある仕事」を任せることを「避ける」きらいがある（ただし、急成長する新興企業はこの範疇にはないかもしれない）と筆者は常々思っている。

それでは、「責任ある仕事」とは何か？――それは、何も、それなりの「職位」「肩書き」があり、ある程度の「決裁権限」をもった人が行う「仕事」を指すのではない。どんな状況においても、そのなかにおいて「最良」と思われる方法を、自ら選択・実行しなければならないような、ある意味「追い詰められ」「緊張感」のある「仕事」のことをいうのである。

そして多くの場合、それを初めて行う者にとっては、それはまさに「修羅場」となるのは容易に想像できる。すなわち、日本の企業は「若手はなかなか育たない」などといいながら、多くの場合、若手に「修羅場」を潜らせることはあえて行わず（会社としてそういうリスクはとらず）、結果として若手を「鍛え上げる」ことに「躊躇」しているのではないだろうか。

こうした外国証券会社の、しっかり若手を「鍛え上げ」、早く「独り立ち」させ、「若手に任せる」という、「スピード感ある」「中身の濃い」教育方針についていけない社員が出てくることは十分に予想される。しかしながら、どこかの国の「ゆとり教育」がうまくいかなかったのと同様に、あまりに「落ちこぼれ」が出ないようにと気を遣い、「護送船団」方式に重きを置きすぎると、会社自体の「活力」を削ぎ、結果として会社の大切な「戦力」を弱体化させる可能性が高いということも、経営者はあわせてしっかり認識すべきである。

第2章

コスト重視

1 マトリックス選択の具体的内容

第1章で筆者は、今後の厳しい経営環境を考えれば、地銀にとっても「選択と集中」という戦略はぜひとも必要であり、健全な「いま」だからこそ、そうした「選択」が可能であるとしたうえで、具体的には、X軸として「コスト重視」「専門性・ホスピタリティ重視」「戦略的機能重視」、Y軸として「個人重視」「法人重視」からなるマトリックスが、その選択肢であると述べた。

また、「コスト重視」モデルの「目指す姿」は、「将来の『金利競争』をはじめとした、ライバルとのさまざまな『苦しい戦い』に際し、最終的に勝ち残れるような『体力』をもてるよう、恒久的に『ローコスト・オペレーション』を指向する銀行である」とした（第1章2参照）。

本章においては、この「コスト重視」モデルについて、より詳細に論じていきたい。

2 ローコスト体質は「余裕」の源泉

オーバーヘッド・レシオ（ＯＨＲ）の低い銀行、すなわちローコスト・オペレーションを行える銀行（言い換えれば「ローコスト体質」の銀行）は、いい意味で「余裕」のある銀行であるといえよう。「そんなこと当たり前だ」という声が、「にわかに」聞こえてきそうであるが、筆者は「財務的」に余裕がある、という意味だけではなく、以下に述べるとおり、少し「違った意味」でもこの言葉を使っているのである。

前章では、「金利競争」の話を例に出したが、今後はこれだけでなく、さまざまな「手数料」についても、その「引下げ競争」が激化してくるものと予想される。こうした「金利競争」や「手数料引下げ競争」は、「お互い、『消耗戦』にすぎない」ということは「頭」ではわかっているものの、いざライバルに「仕掛けられる」と、営業部門を中心に「相手がその気ならこちらだって」と瞬間的に「反応しがち」である。しかしながら、そうしたことは長い目でみて、必ずしも得策であるとは限らないのである。

仮に、ライバルが当面の「局面打開」のため、かなり無理をして「金利競争」や「手数料引下げ競争」を仕掛けてきたのであれば、場合によっては、「お手並み拝見」とばかり、しばらく「高みの見物」をするのも「王者の風格」であるかもしれない。

要は、こうした「ローコスト体質」の銀行は、ライバルのさまざまな「仕掛け」に対しても「悠然」と構え、常に「冷静」に対処することができるだけでなく、逆に、経営者が「勝機あり」と考えれば、こちらから、さまざまな「仕掛け」を次々と「繰り出す」とともに、怒涛のごとく敵陣の奥深くにまで攻め込むことさえ可能であるという意味で、さまざまな戦略上の「フリーハンド」をもつ「余裕」ができるのである。

すなわち、こうした「ローコスト体質」の銀行は、そうでない銀行に比べて、当面の「苦しい戦い」を乗り切るだけの真の「体力」をもつことから、「最終的な勝利」を目指した、より中長期的な戦略をとることが可能である、ともいえるのかもしれない。

3 どうやってＯＨＲを下げるのか

オーバーヘッド・レシオ（ＯＨＲ）とはいうまでもなく、経費を業務粗利益（トップライン）で除したものであり、その経費の主たるものは人件費と物件費である。したがって、仮にトップラインが一定であると仮定すれば、ＯＨＲを低くするということは、人件費と物件費を減少させるということにほかならない。むろん、これとは逆に、人件費・物件費は減少させずに、分母であるトップラインを増加させても同様にこれを達成することは可能であるが、黙っていればトップラインが毎年減少していく最近の状況のなかで、逆にこれを増加させていくのは並大抵のことではない。

4 人件費削減の実際の意味

人件費を分解すると、それは「一人当り人件費」×「人員数」となり、さらにこれは、（「行員一人当り人件費」×「行員数」）＋（「パートタイマー一人当り人件費」×「パートタイマー人員数」）となる（別会社でパートタイマーを採用している場合は「物件費」となるが、いずれにせよ「本質的」には同じことである）。そして当然のことながら、行員の人件費も、上は部店長級の幹部職員から下は担当者までさまざまである。

こうした人件費削減における「第一の選択」は、「一人当り人件費」を減らすのか、はたまた「人員数」を減らすのかという問題である。一般的に経営者は、なるべく従業員の給料は下げたくないが、一方で、人員を減少させることによる業務全体のパフォーマンス低下も恐れるため、なかなか決断がつきにくいのである。

日本の多くの銀行では、バブル経済崩壊後の過去十余年にわたり、苦しい経営状況を立て直すため、この問題について積極的に取り組み、悩み、そしてさまざまな試みが行われたが、結果として行われた多くの事例は、これを「同時に行う」という選択であった。

すなわち、銀行全体の行員数を大幅に減少させるなか（どの程度減少させるかは銀行によって異なる）、その減少により業務がどうしても「回らない」部分については、パートタイマーを増員してこれにより代替させる。また、行員の内訳についても、「幹部職員クラス」の人員数を減少させ、行員全体に占める同クラスの人員シェアも低下させる、ということが基本的な戦略であった。そして、そうしたことにより、結果として「一人当り人件費」と「人員数」の両方を「同時」に減少させてきたのである。

5 人員削減は本部か営業店か

次に「第二の選択」は、こうした人員削減を、自行の「どこの部門」で行うのか、ということである。銀行の組織で考えれば、一般的には「本部」か「営業店」か、という選択になる。もちろん、その片方だけではすまないほど「大規模」な削減である場合には、どちらを、より「重点的」に削減するかという選択になる。そして、この点については、ほとんどの銀行の経営者は同じように、前者である「本部」を選択している。すなわち、できるだけ「営業面」（＝「取引先」）に迷惑をかけないようにしたいとの配慮からである。

本部では、各部から「一律一定割合」削減するのに加え、「メリハリをつけて」追加で削減することにより、本部全体で削減目標を達成するが、こうした本部人員の「コンパクト化」により、逆に「旧態依然」とした本部組織がうまくフィットしなくなるのであれば、「組織見直し」により、組織をシンプルにすればよいのである。

6 営業店での人員削減方法

さらに、やむをえず営業店でも人員を削減するとした場合、それはどのように行うのか。「営業拠点」自体を減らすなかで人員を削減するのか、あるいは「営業拠点」は減らさずに、その「役割」を全体として見直す（結果として、いくつかの異なった「役割」をもつ営業店に分類する）なかで人員を削減するのか――これが「第三の選択」となる。そして、この両者ともにそれぞれ異なった長所・短所がある。

すなわち、前者であれば、「営業拠点」自体が「すっぽり」なくなってしまうため、行員の削減という意味では計算しやすく、また有無をいわさぬ「白黒」はっきりした「解決法」となる。しかしながら、一方で、営業面での影響、すなわち取引先に対する「負の影響」は大きいものとなる。

また、後者の場合、「営業拠点」自体は減らさず、従来とは異なった「役割」を営業店に課すことになるため、その新たな「役割」に対して、行員がどの程度「必要」になるのかについて、まさに「手探り」で決めていかなければならず、個々の営業拠点の人員削減数の「根拠」がやや「あいまい」となる可能性は高い。一方、営業面での影響も、それはそれであるものの、拠点自体を廃止する案に比べ、当然「限定的」となる。

はたして、経営者は実際にどちらを選んだのであろうか。あくまでも筆者の「おぼろげな」記憶によれば、バブル崩壊直後の銀行経営がまさに「危機的状況」にあった時期は、前者が圧倒的に多く、その後に続くさらなる「経営合理化」の過程においては、後者（ただし、「新たな」営業拠点の役割については銀行によって異なる）が多かったように思われる。

7 実行にあたっての時間軸

そして「第四の選択」は、これをどのくらいの「時間軸」で、かつ、どのような「方法」をもって行うのか、ということである。すなわち、ある人員削減数が決まった後、その後の「新規採用人員」を「ゼロ」にすると仮定すれば、毎年予想される「退職者」の数だけ「人員数」は減少していく。これは、いわゆる「自然減」というやり方であり、この場合の「人員削減」所要年数は、単純に「人員削減総数」を毎年の「平均退職者数」で除したものとなる。

ただし、実際は、将来の自行の「行員年齢ピラミッド」を少しでも「正常なかたち」に近づけたいとの思いから、「新規採用人員」を「ゼロ」にすることは避け、何人かは新規採用するケースが多い。したがって、実際の「調整後」の「自然減」の数は、毎年の「平均退職者数」から「新規採用人員」を差し引いた「残数」となる。また、上記に加え、出向年齢の「若年化」や「希望退職者募集」による人員減少を追加するやり方もあるが、こ

図表2－1　人件費削減を行うにあたっての「4つの選択」

(1)　どこで削減するか

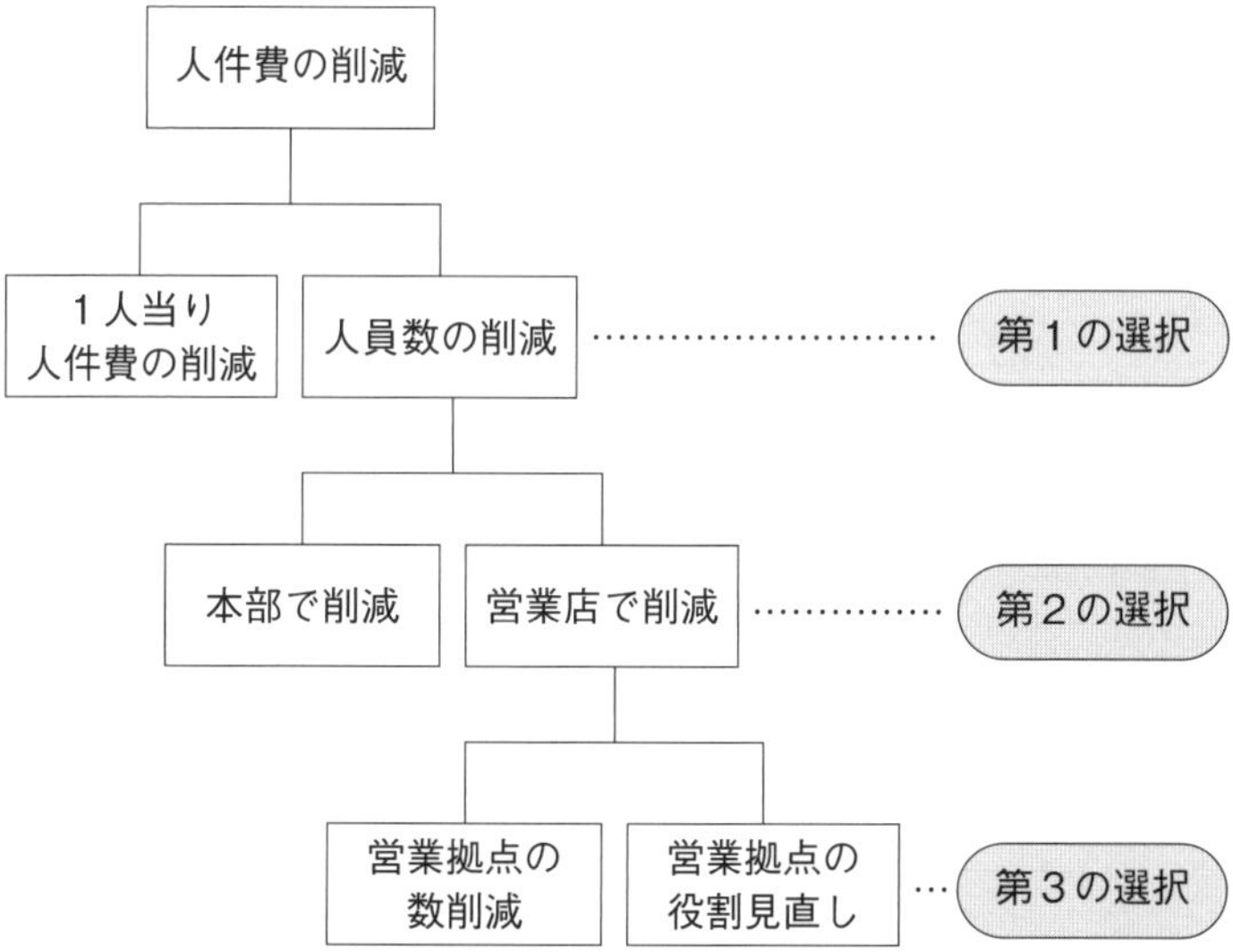

(2)　どうやって削減するか

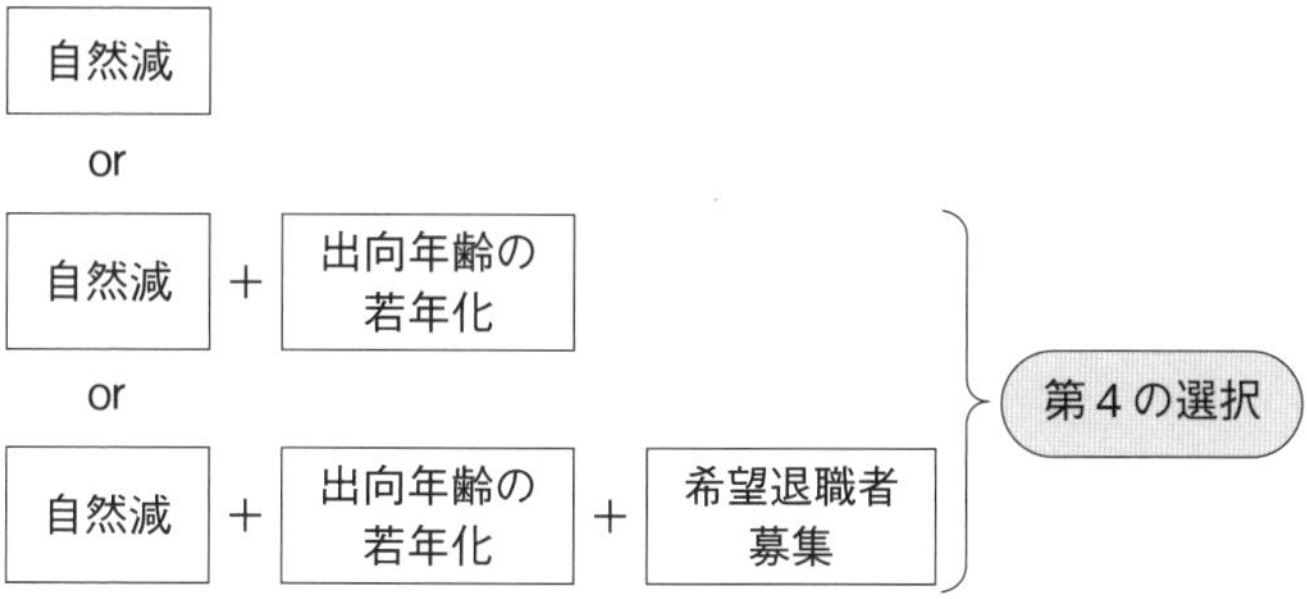

の場合には、逆に「何年以内に○○人削減する」という経営の「強い意志」があってはじめて、その削減の内容が固まってくるのである。

もっとも、この場合には、出向といっても自行グループ「以外」の出向先でなければ、グループ全体の人件費という観点からは意味がなく、したがって、自行取引先にどの程度の「出向」を受け入れてもらえる「余地」があるのかが問題となるほか、「希望退職者募集」実施という非常に「厳しい現実」が待ち受けていることも覚悟しなければならない（図表2－1参照）。

8 物件費削減の意味

人件費削減と並んで、「恒久的」に削減するという「真」の意味での「物件費の削減」は、なかなか「容易」ではない。「物件費削減」というと、それでは今年の「老朽化対応投資」を取りやめよう、というような話をよく耳にするが、これで本当に「恒久的」な「物件費削減」となるのであろうか。

答えは「否」である。この「老朽化対応投資」は、仮に今年やらなくても、いずれ「翌年以降」やらなければならない投資であり、今年の投資取りやめは、あくまでも「投資の繰延べ」にすぎない（むろん、この投資自体がその後も「不要」となれば話は別だが、多くの場合、それにかわる「新規投資」が必要となる）。

「恒久的」な「物件費削減」とは、一《ひと》度《たび》「削減」の行動を起こし、それが軌道に乗りさえすれば、それ以降はほぼ継続して「削減」という「果実」を手に入れられる、というものでなければならない。たとえば、従来、自行単独で行っていた勘定系ＩＴシステムの企画・運営・

図表２－２　「物件費削減」の本物・偽物

	内　容	例
恒久的削減（本物）	一度《ひとたび》「削減」の行動を起こし、それが軌道に乗れば、以降継続的に「削減」という「果実」が手に入れられる	自行単独の勘定系ITシステムを他地銀と「共同化」することにより、ITシステム関連経費を削減
非恒久的削減（偽物）	１年あるいは数年の間は表面的には「削減」されたとみえても、その後、タイムラグを置いて、物件費に計上されてくるもの	単純な「投資の繰延べ」（老朽化対応投資の取りやめなど）

管理を他地銀と「共同化」することにより、トータルとしてのＩＴシステム関連経費を引き下げる、というようなことは、こうした部類に属する（図表２－２参照）。

9 物件費削減の特徴と成功のポイント

しかしながら、物件費はこうした「大きな案件」ばかりではなく、その多くは「小さな案件」の「積重ね」である。前述したように、人件費を削減するためには「大きなフレームワーク」の変更が必要であり、経営者はそれに対して「重い決断」をし、かつさまざまな困難を「克服」してそれを「実行」しなければならない。しかしながら、いったん新しい仕組みが動き出すと、その後は随時進捗を確認し、必要があれば追加策を検討・実施することで、当初想定した「成果」をほぼ期待どおり手に入れることができるのである。

これに対し、物件費を削減することは、ほぼこの「対極」にあるといっていい。すなわち、物件費をなす「小さな案件」の中身一つひとつについて、経営者自らがその必要性を判断することは、まず現実的ではない。また、そうした物件費削減が「至上命題」であることを、経営者自身の口から直接聞き、かつその重要性を十分認識した「主計官」が、経営者の「名代」となって、各部からあがってくる「個別投資・物件費案件」に「目を光らせる」といっても、その細部についてまですべて把握することは不可能である。

たとえば、外部委託費を引き下げるため、「当該業者と交渉するように」と「主計官」が担当部に指示を出したとしても、現実にどの程度の「水準」の引下げを、どの程度の「強さ」で先方に伝えたかは、実際に交渉した担当部の者にしかわから

図表2－3　人件費・物件費削減の特徴と成功させるポイント

	削減の特徴と成功させるポイント
人件費	・大きなフレームワーク変更が必要であり、経営者は「重い決断」をし、困難を克服し、それを実行しなければならない ・いったん、新しい仕組みが動き始めると、その後、必要に応じ、追加策の検討・実施をすることで、当初想定した「成果」をほぼ期待どおり手に入れられる
物件費	・基本的には「小さな案件」の積重ねであるため、経営者がその中身の一つひとつについて必要性を判断することは非現実的 ・担当者一人ひとりが「やらされている」と思いながらではなく、自ら「その気になり」、「強い意志」をもって行わなければ達成できない

ない。

したがって、本部各部の担当者一人ひとりが「やらされている」と思いながらやるのではなく、逆に、「とにかく銀行全体の経費は極力引き下げなければならない」、したがって「なんとしても自分が所管する経費は最低限この程度削減する」といったような、自ら「その気になり」かつ「強い意志」をもって行わなければ、本当の意味での「経費削減」は達成できないのである（図表2－3参照）。

10 企業文化としての経費削減

物件費削減は、これを「未来永劫」続けていくところに、さらなるむずかしさがある。人間は弱いもので、「喉元過ぎれば熱さを忘れる」ではないが、自行の経営が非常に「厳しい」ときには、全員が一致して「経費削減」に真剣に取り組むことができるが、いったん自行の経営が「回復基調」を歩み始めると、そうした「いい意味」での「緊張感」が徐々に薄れてきてしまう。

そして、この「緊張感」がいったん緩み始めると、「さらなる削減」どころか、これまで苦労して削減してきた「過去の蓄積」をもアッという間に食い潰し、せっかく成し遂げたローコスト・オペレーションが「元の木阿弥」となってしまう危険性がきわめて高いのである。そして、これこそが、経営者がいちばん「恐れる」ことであり、「緊張感」を継続して持ち続ける必要性の「真の理由」なのである。

行員の「緊張感」が緩む「理由」は何か。それは、個人個人の気持ちが時間の経過とともに徐々に「緩んで」きてしまうという、いわゆる「経年劣化」の影響であるとともに、本部行員が「定期異動」等で徐々に「入替え」が進んでいくため、新しい担当者に「経費削減の必要性」に関するしかるべき教育をしっかり行えていないことの「ツケ」が回ってきた影響なのかもしれない。したがって経営者としては、まさに「経費削減」を自行の重要な「企業文化」として位置づけ、あらゆる機会を通じて、常にそれを「言い続ける」ことが必要であり、また重要なのである。

11 「ローコスト体質」継続のむずかしさと重要性

以上述べてきたように、「ローコスト体質」の銀行になるということは、「言うは易し、行うは難し」である。なぜなら、経営者が行員に「いい顔」ばかりしていては、決してこれを成し遂げることはできず、どちらかというと「嫌なこと」をいわなければならないからである。そしてそれも、「威勢のいい話」や「格好のいい話」ではなく、「経費」という、どちらかというと「細かい話」についてである。

そして、この「ローコスト体質」を「続けていく」ことはさらにむずかしい。なんとなれば、この「嫌なこと」を「もう聞き飽きた」と感じている行員に、何度も何度も言い聞かせ、経営者自らも実行してその「覚悟の程《ほど》」をみせ、そして行員に具体的に行わせなければならないからである。そして、まさに「企業文化」として行員全員の頭どころか、「身体《からだ》」全体に「強烈なインパクト」とともに「刷り込んで」いかなければならないからなのである。

しかしながら、一度《ひとたび》こうした「企業文化」が定着し、「ローコスト・オペレーション」が可能となった「暁《あかつき》」には、より中長期的な戦略をとることができるという、真に「フリーハンド」をもった「余裕のある銀行」となることができるのである（図表2－4参照）。

図表2－4　「ローコスト体質」の銀行に「なる」むずかしさ、「継続する」むずかしさ

	内　容
「なる」むずかしさ	経営者は行員に「いい顔」ばかりしていられず、逆に「経費」という、どちらかというと「細かい話」について「嫌なこと」をいわなければならない
「継続する」むずかしさ	経営者は、この「嫌なこと」を行員に何度も何度も言い聞かせ、行わせて、まさに「企業文化」として、行員全員の頭どころか「身体全体」に「刷り込んで」いかなければならない

コラム3 インフォーマルな対応の強み（その1）

地銀内部の「情報伝達」（指示命令、稟議、打診、周知等を含む）の方向性は、「縦」（上下）と「横」（左右）の二つの軸からなる。「縦」（上下）軸は「決裁ライン」であり、「横」（左右）軸は他部との「情報周知」が主たる目的であるが、自らの部だけでは解決できない「課題」を共同して行おうとするインフォーマルな「打診」にも使われる。

どの地銀でも、決裁権限に基づく「指示命令」「稟議」をタイムリーに行う必要があることから、「縦」（上下）の軸はしっかりつくられ、機能していると理解している。一方、「横」（左右）の軸は、絶対的必要性が乏しいことから、必ずしも一様ではない。すなわち、当該地銀の組織・風土や歴代トップの考え方、さらには組織として、これまでどういう「歴史」を積み重ねてきたか等により、実質的に決定されてくるのである。

「縦軸」はその性格上、「フォーマル」に対応するものだけであるが、「横軸」には、①「フォーマル」に対応するもの、②「インフォーマル」に対応するもの、の二つの「ルート」が存在する。

たとえば地銀における「部長会」は、開催頻度は別にしても、その主たる目的は他部への「情報周知」と個別案件の「打診」である。いま、この「部長会」を「情報伝達」にかかわる「フォーマル」な対応の「代表」的なルートと考えてみよう。一方、ある組織全体の「課題」を十分認識した担当者が協力を仰ぐべく関連部のカウンターパートと個別に行う「打合せ」が、まさにここでいう「インフォーマル」な対応ルートである。

当該「課題」解決のため、どちらか一方の「ルート」しか使えないとしたら、読者はこの「フォーマル」「インフォーマル」のどちらのルートを選ぶであろうか。筆者は間違いなく「後者」を選ぶ。「担当者の打合せ」をふまえて、当然、部長会をやるので問題はない、という向きもあるかもしれないが、それであれば、部長会はあくまで「お飾り」にすぎず、「本質的」に必要とはいえない。したがって、忙しい部長方を抱えた「銀行」であれば、当然そうしたものは避けたいのが「本音」であろうし、その「重要性」の度合からいえば、間違いなく「インフォーマル」な「ルート」に軍配が上がるのである。

それでは、どうして「インフォーマル」なルートは効果的な「打診」「打合せ」ができるのであろうか。それは、当該「打合せ」の必要性をいちばん「認識している」人間が、関連部の最もふさわしい「キーパーソン」に、必要なタイミングで、当該テーマに絞り、かつ「本音」ベースで、（打診・打合せを）行うことができるからである。

コラム4　インフォーマルな対応の強み（その2）

筆者は、地銀という組織の「強さ」は、コラム3で取り上げた「情報伝達」にかかわる「インフォーマル」なルートがどれだけ「効率的」に機能しているか、言い換えれば、他部とのコミュニケーションがどれだけ「よく」とれているのか、によって決まるものであると考える。ここでいう組織の「強さ」とは、組織全体に何か「課題」が生じた際に、いかに「速く」、かつ「的確に」、その「課題」を解決できるか、ということと定義する。

しかしながら、この「インフォーマル」なルートが「うまく機能する」ためには、次の三つの条件が必要となる、と筆者は考える。

すなわち、一つ目は当該担当者の上司である「部課長」がその担当者を信じ、ある程度の「裁量権」を与えて、他部との「交渉」を「やりやすく」（同様に関連部カウンターパートも同条件が必要）することだ。

二つ目は、担当役員が、自ら担当する部でやろうとしていることを、「むやみに他部と相談するな」、などと「器量の小さな」ことをいわないことである（一人の役員に狭い範囲の担当業務しか与えない、あるいは所管する業務内容が担当役員にとって「質的」にオーバーキャパシティである場合は、得てして起きやすい）。

そして三つ目は、そうした「ストレス」のかかる厳しい業務に耐えられる「力量」をもった担当者が存在する、ということである。こうした観点からみても、「強い」組織をつくるためには、組織の「風通し」をよくすることと、「人材」を育成することが欠かせない、ということであろう。

担当者は、上からいわれたことをそのまま他部に伝えるだけならば、こんなに楽なことはない。仮に他部から質問されたとしても、「上司の言」を参考にその範囲内で答えておけば、それですむからである。ただし、それで「その担当者が成長していく『伸び代』が『大きい』か」と問われれば、残念ながら「大きくはない」であろう。

一方、上司である「部課長」から、ある程度の「裁量権」を与えられた担当者はどうであろうか。いくら「裁量権」を与えられたとはいえ、その「落としどころ」を自分で考えねばならず、ある一定の「線」で他部と折合いをつけた後、自らの部に戻り当該内容を上司に説明し納得してもらうには、それなりの「才覚」が必要となる。したがって、こうした「経験」を何度も繰り返していけば、担当者は着実に「成長」していくのである。

したがって、筆者は先ほど、組織の「強さ」は「『情報伝達』にかかわる『インフォーマル』なルートがどれだけ『効率的』に機能しているかにかかっている」と述べたが、これは言い換えれば、他部との「折衝」を自らの「才覚」で行える担当者がどれだけいるか、にかかっているともいえよう。

第3章

専門性・ホスピタリティ重視

1 マトリックス選択の具体的内容

前章1で筆者は、「今後の厳しい経営環境を考えれば、地銀にとっても『選択と集中』という戦略はぜひとも必要であり、健全な『いま』だからこそ、そうした『選択』が可能であるとしたうえで、具体的には、X軸として『コスト重視』『専門性・ホスピタリティ重視』『戦略的機能重視』、またY軸として『個人重視』『法人重視』からなるマトリックスがその選択肢である」と述べた。

また、「専門性・ホスピタリティ重視」モデルの「目指す姿」は「取引先に真に役立つことを第一に考え、専門的で高品質なサービスを、洗練された接遇を介して提供する『金融のプロ集団』を指向する銀行」であるとした（第1章3参照）。

本章においては、このモデルについて、より詳細に論じていきたい。

2 「三つの顔」

このモデルの特徴は、「コスト重視」の「銀行モデル」のように「一言で言い表す」ことはなかなかむずかしい。何となれば、それはみる角度を変えれば、さまざまな「顔」をもつ「銀行モデル」だからなのである。

この「銀行モデル」は、三つの「顔」をもっている。一つ目は、取引先からのニーズに応えて「専門的」なアドバイスを提供する「金融のプロ集団」としての「顔」、二つ目は、「ニッチ・マーケット」において「新規サービスのフロンティア」を目指す「開拓者」としての「顔」、そして三つ目は、取引先のさまざまなニーズに対して「洗練された接遇」で応えられる「ナンバー1コンシェルジュ」としての「顔」である（図表3－1参照）。

図表3－1　「専門性・ホスピタリティ重視」モデルの3つの「顔」

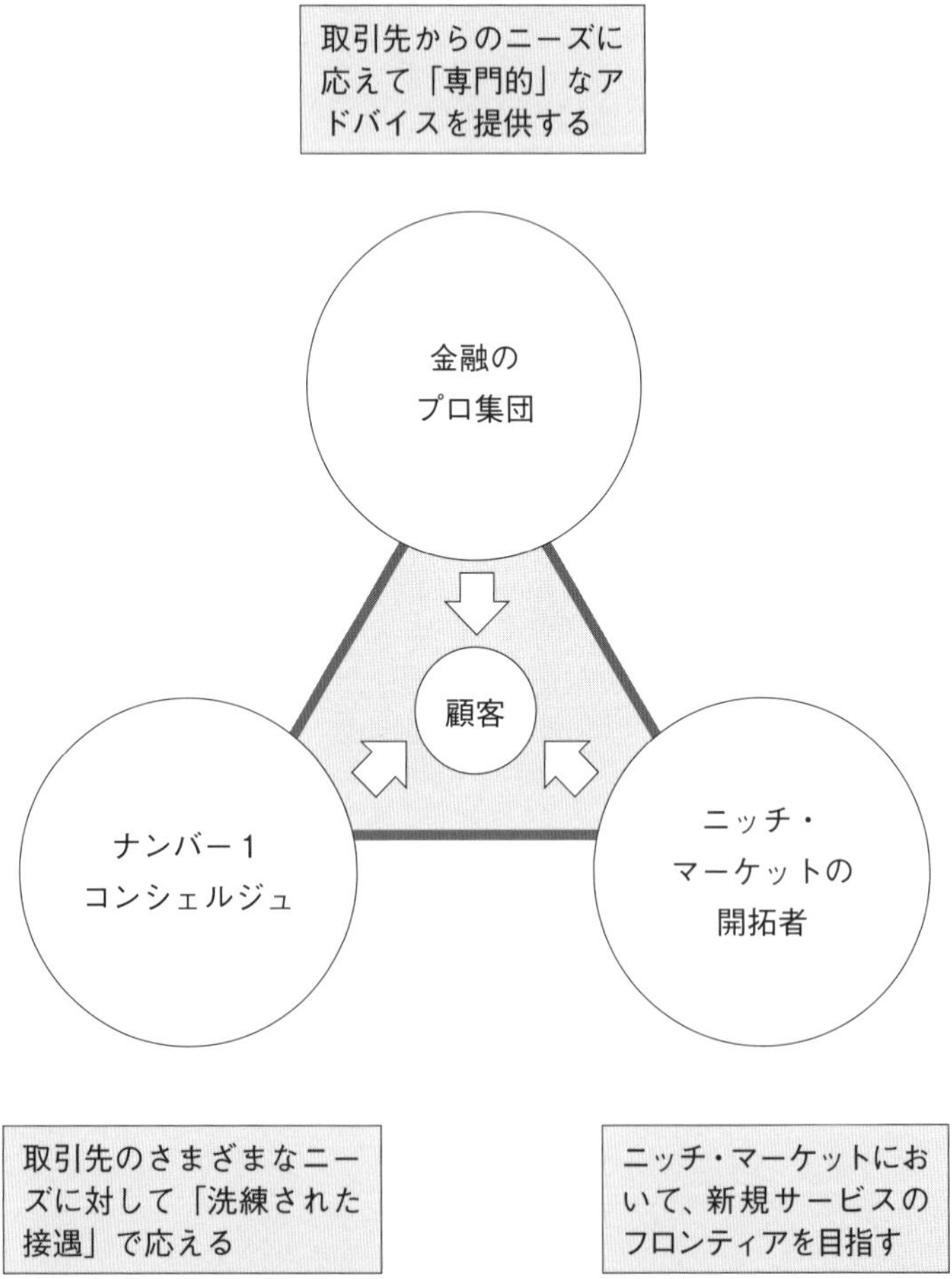
取引先からのニーズに応えて「専門的」なアドバイスを提供する
金融のプロ集団
顧客
ナンバー1コンシェルジュ
ニッチ・マーケットの開拓者
取引先のさまざまなニーズに対して「洗練された接遇」で応える
ニッチ・マーケットにおいて、新規サービスのフロンティアを目指す

3 金融のプロ集団

企業経営者は、自社の将来展望を図るため、常に「アンテナ」を高くし、他産業の動きやグローバルな社会経済情勢をチェックする際の「相談相手」として、また、いざ「次の一手」を打とうと「腹を固めた時」に、資金調達方法を含めたよき「アドバイザー」として、「金融のプロ」のサポートを必要としている。

一方、個人の取引先も同様に、中長期的にみて、自らの「ライフステージ」において起きてくるさまざまな「イベント」を想定し、その際どの程度の資金が必要であり、比較的余裕のある現在、それに備えてどのような貯蓄・運用を行うべきか等について、「専門的」な知識をもつ「金融のプロ」のアドバイスを必要としている。

したがって、銀行全体として、専門性の高い「知識・ノウハウ」を身につけた「金融のプロ」を渉外担当者・テラーとしてどれだけ多く抱えられるか、そして、そうした人員をうまくまとめあげながら、専門性をもつ「金融のプロ集団」である銀行として、自行をどれだけ取引先に、そして世間に認知してもらうことができるかが重要である。

4 「金融のプロ」をいかにして育てるか

それでは、そうした専門性の高い「金融のプロ」をいかにして育成するのであろうか。やはり、「鉄は熱いうちに打て」である。これは一つの例であるが、たとえば入行後、内部事務のジョブローテーションを一年程度で終わらせた後、個人渉外・法人渉外の実務をそれぞれ一年半程度経験させ、その「実績」や「向き・不向き」に応じて、「個人渉外」「法人渉外」に専門分けする。そして、その後、その「専門分野」を三カ月程度かけて集中して研修（フルタイムの座学）を受けさせる。

個人渉外の「研修内容」については、研修関連各社が行っている「技能検定」等の「最上位」クラスの内容が適当であろう。具体的には、年金・保険、投資型商品、所得税、法人税、不動産、相続、事業承継等にかかわる内容である。なかでも金融財政事情研究会が行っている「ファイナンシャル・プランニング（FP）技能検定一級」については、合計四〇日間で修了する「FP養成コース」（フルタイムの通学）もあり、またその内容の充実度合からもみても、企業派遣としては適当であり利用しやすい。

一方、法人については、企業分析、資産査定、融資審査、業界調査、マーケット関連、国際業務、ストラクチャード・ファイナンス、M＆A・事業承継といった科目の履修が必要と思われる。ただし、これらについては、残念ながら外部機関が実施する適当な最上位の「検定」「養成コース」が見当たらないことから、銀行内部で内製化せざるをえない（このことによると、この部分の地銀連携の可能性はあるかもしれない）。

いずれのコースも、最後に（個人の場合は、外部での二カ月の研修後、一カ月程度の行内研修を想定）「総仕上げ」として、学んだ知識を応用するためのケーススタディに取り組む。ただ、そうしたなかでも、「本当にこれだけでいいのか。もっと専門的なことを勉強する必要はないのか」という向きもあるかもしれない。

ただし、従来、地銀では、こうした「専門性」を養うための「体系的」な研修を行っているところはほとんどなく、これを「地道に」続けていくことによって、当該銀行の「ほとんどすべて」の渉外担当者がこうしたレベルの「専門性」を身につければ、銀行全体としての「総合力」は、格段に向上するはずである（図表3－2参照）。

そして「座学」が終われば、後は「実践」である。組織的にこうした知識や経験をもつ上司や先輩がいないため、「実践指導」はなかなかむずかしい、という声も聞こえてきそうである。専門性の高い「金融のプロ」になるためには、たしかに多岐にわたる専門的な知識を身につけることが必要であるが、それと同時に、渉外担当者である以上、その基本である「取引先としっかりコミュニケーションをとる」ことも重要である。研修を修了し、「専門知識」を身につけたといっても、入行四～五年目の銀行員はそ

図表3－2　「金融のプロ」育成のための「座学」の内容（例）

	内　容
個人渉外	年金・保険、投資型商品、所得税、法人税、不動産、相続、事業承継等（注1）
法人渉外	企業分析、資産査定、融資審査、業界調査、マーケット関連、国際業務、ストラクチャード・ファイナンス、M&A・事業承継等（注2）

（注1）　金融財政事情研究会主催「ファイナンシャル・プランニング技能検定1級」等、各社の「技能検定」最上位クラスの内容。

（注2）　外部機関が実施する適当な「検定」「養成コース」が見当たらないため、銀行内で内製化せざるをえない。

（注3）　個人・法人ともに「総仕上げ」として、学習した個々の知識を応用するためのケーススタディを履修する。

うした経験や技術においてはまだまだ未熟だ。したがって、上司や先輩に同行し、取引先との「コミュニケーション力」を「磨く」ことは、渉外担当者として、さらなるレベルアップを図るうえで非常に重要である。そして、そうした意味で上司や先輩の「実践指導」はなくてはならない必須項目なのである。

また、苦労して得たさまざまな「専門知識」は、ただ単に「知識」として「頭の奥深く」にしまい込んでいても仕方なく、取引先とのやりとりのなかで、「実践知」として活用していかなければ意味がない。そして、そのためには、取引先がもつ内なる「悩み」や「心配事」をうまく引き出し、それに対して「専門的知識」を活用しながら、具体的なアドバイスやサポートを行うことが重要なのである。

5 ニッチ・マーケットの開拓者

今後、人口の高齢化が進むなかで、銀行には、シルバー層やその家族からさまざまなニーズが寄せられ、それに対して、臨機応変に対応していく場面が増えてくることが予想される。
たとえば、「リバース・モーゲージ」の「より利用しやすいかたち」でのサービス提供等はその一つであろう。また、こうしたシルバー向けに限らず、さまざまな「ニッチ・マーケット」に対するサービスは、それが高品質で「的確」かつ「タイムリー」に提供されれば、地銀の有望な「ビジネスユニット」として成長する可能性は十分あると考えられる。そうしたなかで、「早く」そうしたものを「見つけ出し」、他行に先んじて「取り組み」、さらには自行の「優位性を確立する」することが、その「成功の鍵」となるのはいうまでもない。

もちろん、大手行をはじめとしたライバルとの競合の可能性が低く、地銀であっても「先行の優位性」が比較的「長く続く」見込みがあるため、「主戦場」の一つとしてあえて「ニッチ・マーケット」を選ぶわけだが、こうしたマーケットで、取引先のニーズに対応した高品質なサービスを「的確」かつ「タイムリー」に提供するためには、それはそれで相当しっかりした「マーケット・リサーチ」が必要となる。

「マーケット・リサーチ」が、しっかりと行えるかどうかのポイントは、どれだけ「多く」の対象者（取引先）から、どれだけ「正確」な情報を、どれだけ「タイムリー」に入手できるかにかかっている。そして、これを行うためには、リサーチを行う対象である取引先との、日頃からのコミュニケーションがきわめて重要である。

したがって渉外担当者は、取引先を訪問した際に、「天気やゴルフの話」だけで終わるのではなく、逆に取引先から「自らにかかわること」、なかんずく金融にかかわる「悩みごと」「心配ごと」「やりたいこと」等を話してもらえるよう、自然に仕向けていくことが重要だ。しかしながら、取引先にこうした話を「してください」と依頼しても、そう簡単に話してくれるとは限らない。「この人に相談すれば、アドバイスやサポートを行ってくれるかもしれない」と取引先に思ってもらうことがまず必要である。そして、そのためには、日頃から取引先に真に役立つことを第一に考え、「誠意をもって」取引先と接し、何よりも一人の人間として、そして頼れる銀行員として「信頼」してもらうことが必要だ。

そうした「信頼関係」のうえに立ち、金融にかかわるさまざまな「悩みごと」「心配ごと」「やりたいこと」等を話してもらうことができれば、そして、すべての渉外担当者が、それぞれの取引先から、こうした「本音の部分」を「吸い上げる」ことができるのであれば、銀行全体として、これほどすばらしい「マーケット・リサーチ」はないであろう（図表3－3参照）。

図表3－3　「ニッチ・マーケット」における成功の条件

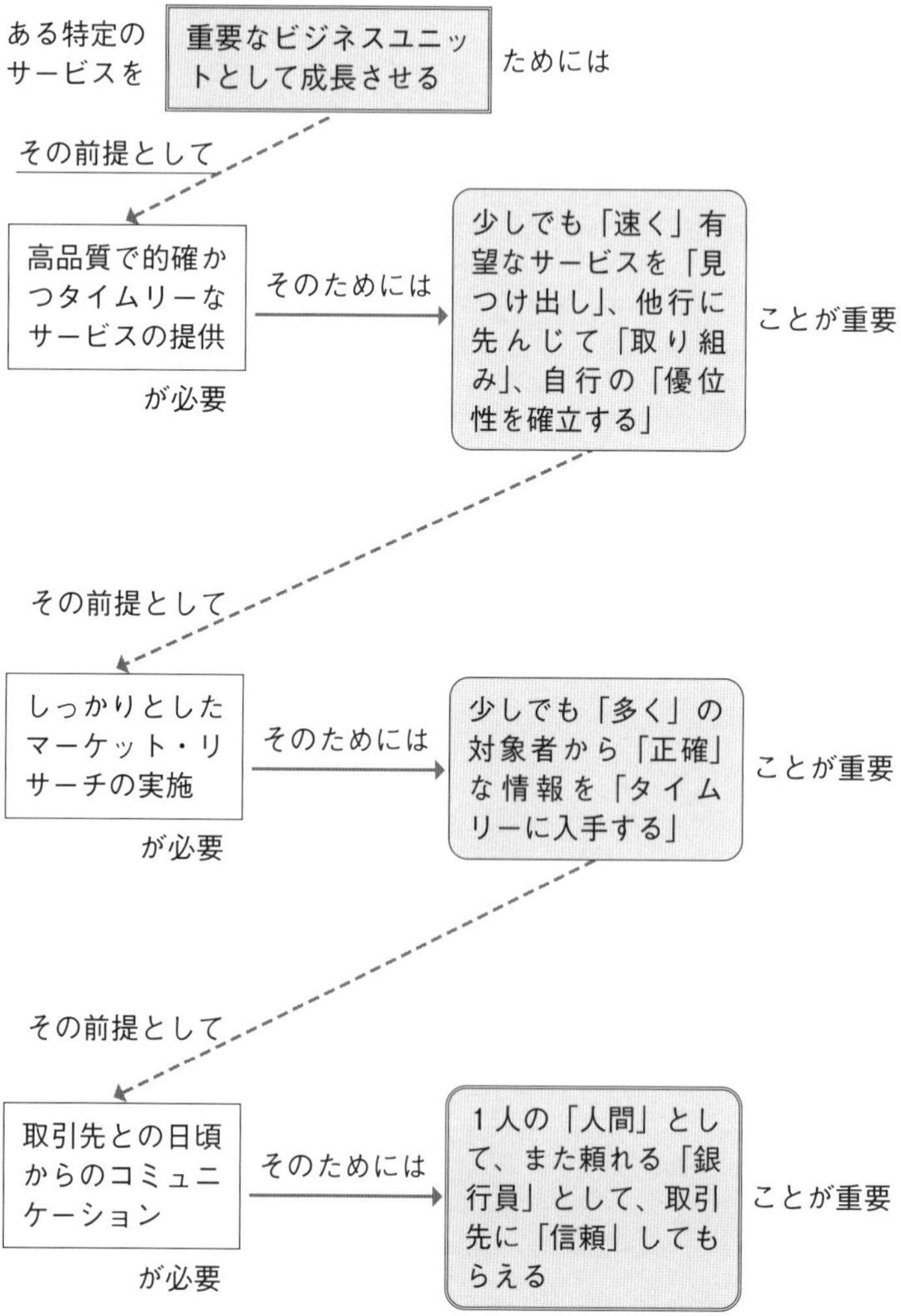
ある特定のサービスを
重要なビジネスユニットとして成長させる
ためには
その前提として
高品質で的確かつタイムリーなサービスの提供
が必要
そのためには
少しでも「速く」有望なサービスを「見つけ出し」、他行に先んじて「取り組み」、自行の「優位性を確立する」
ことが重要
その前提として
しっかりとしたマーケット・リサーチの実施
が必要
そのためには
少しでも「多く」の対象者から「正確」な情報を「タイムリーに入手する」
ことが重要
その前提として
取引先との日頃からのコミュニケーション
が必要
そのためには
1人の「人間」として、また頼れる「銀行員」として、取引先に「信頼」してもらえる
ことが重要

6 ナンバー1コンシェルジュ

銀行の「接遇」に対する苦情は意外に少なくない。さすがに、「物言いが横柄だ」というようなものは少ないにしても、「敬語を知らない」「馴れ馴れしく話しすぎる」といった言葉の「基礎」の問題から、「自分のいいたいことだけ話す」「こちらの言い分を最後まで聞いてくれない」といったコミュニケーションの「基本姿勢」の問題、さらには「隣の者とおしゃべりばかりしている」といった「態度」にかかわる問題などさまざまだ。

また、「誤解を恐れず」に「あえて」いえば、銀行によっては第一線のテラーとして、正行員ではなく、パートタイマーを多く配置しているところがあるが、多くの場合、このパートタイマーの「接遇」についての苦情も、実際のところ少なくない。しかしながら、だからといって、取引先には間違っても「実は正行員ではないので」などと言い訳できるはずもなく、また、「しっかりと」教育はするものの、「正行員」と同等の「ロイヤリティー」を彼女らに求めるのは、それはそれでむずかしいという現実もある。

したがって、「接遇」のレベルの高さをあくまでも求めるのであれば、多少、経費は増加するものの、「テラーは正行員で」という原則で臨むべきかもしれない（もちろん、パートタイマーのなかにも「接遇」面で評価の高い方も当然存在するわけであり、あくまでも「平均的な話」である、ということをお断りしておく）。

そして、顧客のあらゆる「要望」に対して、たらい回しにしたりせず、自らのさまざまな人的ネットワークを使いながら、ワンストップ的に自分のところでそうした「要望」を叶えていこうとする「コンシェルジュ」は、取引先にとっておおいに「魅力的」であり、また「頼りになる」存在だ。渉外担当者がカバーしている「管理先」にとっては、そうした「担当者」がまさに「コンシェルジュ」なのであるが、その他の一般顧客、特に個人顧客にとっては、店頭に座るテラー全員がそうした役割を果たしていかなければならない。

それが実現できれば、取引先にとり、こんなに「頼りになる」ことはないであろう。そうしたなかでも、きわめてレベルの高い「ナンバー1コンシェルジュ」となるためには、豊富な「専門知識」が必要となるのは当然のことであるが、それだけでは十分でなく、取引先がもつ「要望」をなんとかして「叶えてあげたい」という強い「思い」が重要なのである（図表3－4参照）。

図表3－4　「ナンバー1コンシェルジュ」の3つの「C」

・個人・法人の管理先にとっては当該渉外担当者
・一般顧客にとっては、店頭のテラー

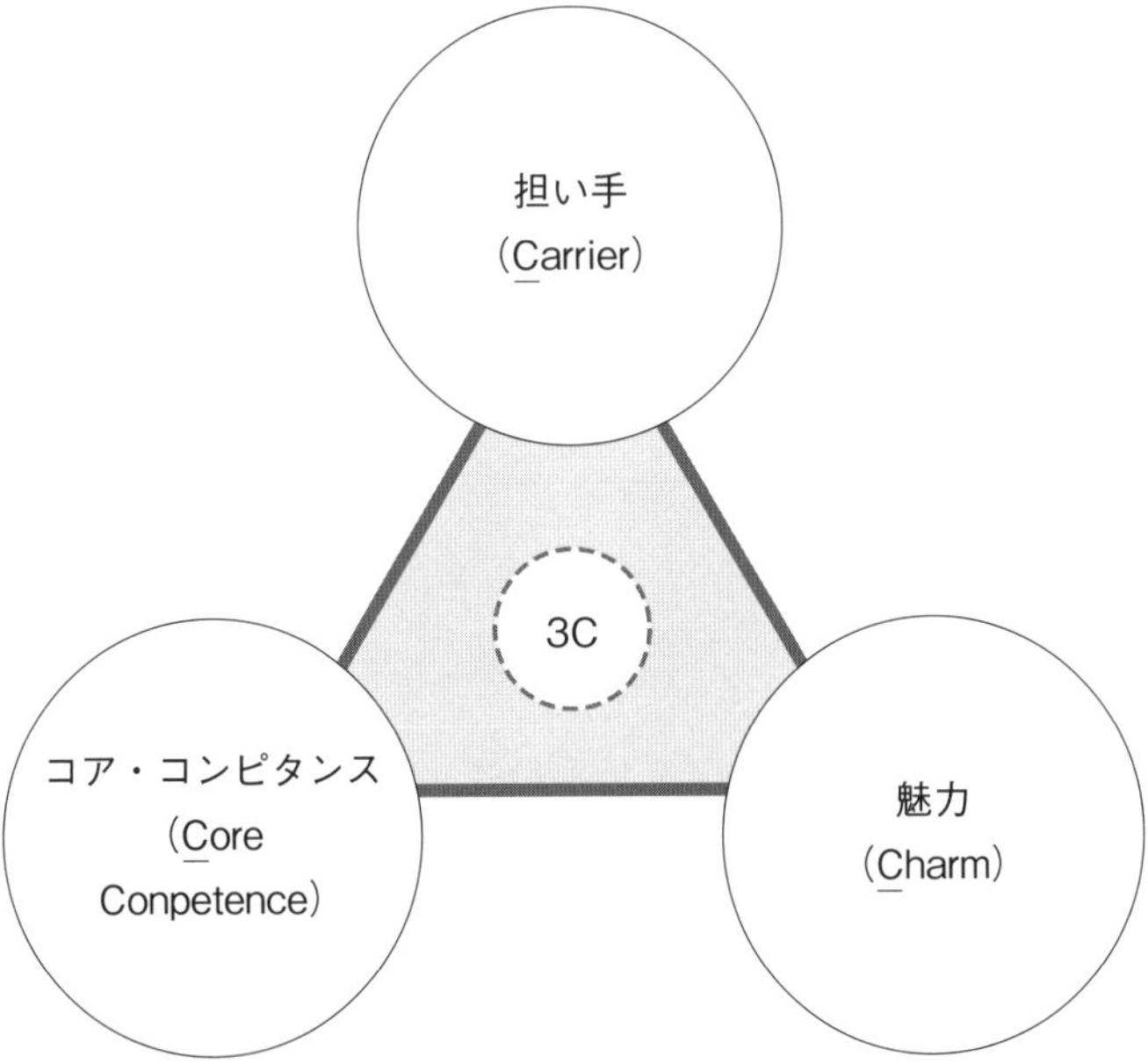

・取引先がもつ、内なる「悩み」や「要望」になんとかして「役立ちたい」という「思いやり」、そして具体的な対応を行うことによって、取引先に少しでも「喜んでもらいたい」という「ホスピタリティ」

・顧客のあらゆる「要望」に対して、たらい回しにしたりせず、自らのさまざまな人的ネットワークを使いながら、自分のところで、ワンストップ的にそうした「要望」を叶えていこうと努力する

7 「ホスピタリティ」の重要性

筆者は本章2で、この「専門性・ホスピタリティ重視」の「銀行モデル」の特徴について、「『一言で言い表す』ことはなかなかむずかしい。何となれば、それはみる角度を変えれば、……（『金融のプロ集団』『ニッチ・マーケットの開拓者』『ナンバー1コンシェルジュ』という）三つの『顔』をもつ『銀行モデル』だから」であると述べた。

しかしながら、これまでみてきたように、こうした三つの「顔」の共通した特徴としては、どれも「必要条件」として行員の「ホスピタリティ」が存在する。すなわち、取引先に真に役立つことを第一に考え、取引先になんとかして「役立ちたい」、少しでも「喜んでもらいたい」という強い「思い」という意味での「ホスピタリティ」である。

世上、よく使われている「顧客第一主義」という「言葉」ではとても言い尽くせないような、こうした取引先への強い「思い」を全行員にもたせる、ということは、きわめて「重く」、到底、一朝一夕でなしうる「業」ではない。すなわち、トップ自らも先頭に立って、深くかかわり合いながら、ある意味、組織全体の「企業文化・風土」として、じっくりと「熟成」していかなければならないのである。

8 当該モデルの特徴

この「銀行モデル」は、ある意味、個人の力量にかなりの程度「重き」を置いたモデルであり、「戦略的機能重視」モデルと比べ、その「対極」をなすものであるといえるかもしれない。また、取引先からは、一人ひとりの行員の「顔」がよくみえ、その結果、彼らの「力量」もよく見極められることから、個々の行員の「専門性」等については他行とも比較されながら厳しい「評価」を受けることとなる。しかしながら、逆にそれをしっかり意識して、行員の「専門性」等の「質」を高める努力を行い、結果としてそのレベル向上を図ることができるのであれば、それがライバル他行との「差別化」につながるともいえよう。

また、このモデルは銀行の規模にかかわらず、仮に規模の小さな銀行であったとしても、努力をすれば銀行全体の評価を高めることも可能である。すなわち、たとえば渉外行員が三〇〇人規模ながら、その全員が一定レベルの「専門性」を身につけた銀行は、渉外行員が一〇〇〇人規模でも、その半数しか同程度の「専門性」を身につけていない銀行に比べ、銀行全体の渉外担当者の「完成度」「均質性」の観点からは当然、評価が高くなると考えられる。

さらには、「コスト重視」モデルがある意味、「マネジメント」の優劣で、その成否が決まり、また「戦略的機能重視」モデルが、効率的に顧客を囲い込む「戦略的機能」の優劣で、その成否が決まるのに対して、当該モデルはまさに行員一人ひとりの、そしてそれをまとめた銀行全体としての「サービスの質」の優劣で、その成否が決まるモデルであるともいえよう。

9 取引先にとって「すがすがしく」「さわやか」な銀行

多くのアンケートによると、取引先が銀行の店頭に行く「動機」としては、「行くこと自体が楽しみだ」ということはほとんどなく、「必要な用事を足すため」に「仕方なく行く」ということが圧倒的に多いようだ。これは、銀行へ行く「目的」（入金、出金、振込み、納税等）からすると、ある意味「やむをえない」ことと思われ、また、これをなんとかして「行くこと自体が楽しみだ」に変えることは、正直にいってなかなか「むずかしい」ようにも思われる。

しかしながら、そうして「行ってみた」銀行ではあるが、「自分が要望した事柄に対して、想像していた以上に『専門的』なアドバイスを非常に丁寧にしてもらった」「その結果、用事がすんで銀行を出る時には、とても『すがすがしく』『さわやかな』気持ちになった」といってもらえる程度に「改善」することは可能であろう。そして、こうしたことを可能にする一つの策として、この「銀行モデル」はきわめて有効なものであると確信している。

しかしながら、この「銀行モデル」を目指すためには、「行員教育」にかかわる「多大な負担」を覚悟しなければならない。それは、「質の高い」研修を行員に受けさせるために、営業の第一線を長期間「離脱」させ、その結果として「営業戦力が低下する」という意味での「負担」と同時に、行員全員に「取引先に真に役立つことを第一に考え、取引先のために『役立ちたい』という『思いやり』と、それによって『喜んでもらいたい』」という「ホスピタリティ」を共有してもらうための「企業文化・風土」醸成という意味での「負担」である。

しかしながら、一度《ひとたび》、こうした「ホスピタリティ」が行員全体に浸透し、来店した取引先の多くが、用事がすんで銀行を出る時に「すがすがしく」「さわやかな」気持ちになった、と感じてもらえるようになった「暁」には、自行を「末永く支持」してくれる「自行ファン」が間違いなく大きく増えているに違いない。

コラム5 ブランド価値とは？（その1）

最近、ブランディングが「流行《はや》り」である。

コーポレート・アイデンティティ（CI）が叫ばれた時代を知る人間に、両者の「違い」は何かと問うても、にわかに答えられる人間はそれほどいないと思われるが、要は、CIは「供給側の視点」からの発想であるのに対し、ブランディングが「顧客の視点」からの発想ということのようである。

ブランディングは、その過程において「ブランドネーム」や「ロゴ」により差別化を行うが、その原点は、顧客の視点から発想したコンセプトや理念をもとに、常に顧客の期待や信頼に応えるよう行動し、顧客の共感や支持を獲得・拡大していくことにある、といわれている。

そうした概念であるブランディングではあるが、はたして現実はどうか。まず、ブランドマークを制定し（これに、かなりの経営資源を投入するところもあるようだが）、自分たちは「何を目指す」のか、を高々と謳い上げ、そして、自ら「こうした行動をとりたい」という「宣言」を行う。決して悪いことではない、何を目標として仕事をしているのかわからないよりは、ずっと透明性が確保されているからである。

しかしながら、ブランドマークの制定にしろ、「宣言」にしろ、何やら「かたち」から入り、それにかなりの「重き」を置いているのがやや「気にかかる」。女性の「髪の色」や「化粧」などについても、「コード」でしっかり管理し、また「接遇」面においても「お辞儀」の仕方や「言葉遣い」の基本を徹底するなど、それはそれで必要なことではあるが、何やら「かたち」への「こだわり」が強すぎるように感じられる。

そして何よりも、そうしたことを「しっかり行いさえすれば」、すべての問題が「クリアできる」と考えているような「風潮」がなんとも気になるのである。「そんなことはない！ 当行では、具体的に『こういう行動をしなければいけない』という『事例集』までつくっているので問題はない」という声も聞こえてきそうだが、よくみればそうした「事例集」の中身にしても「顧客の立場に立って考え、行動する」という、なんとも「抽象的」な言葉が並んでいる場合が得てして多い。

これでは、顧客からみると、まさに「供給側の視点」からの発想、すなわち銀行員の「自己満足」としか映らないのではないか。いうまでもなく、銀行の「ブランド価値」

とは、銀行自らが「評価」するものではなく、役職員の行動をみて、顧客をはじめとした周囲がこれを「評価」するものである。

それでは、役職員はいったい何をすればいいのであろうか。何も特別なことをする必要はない。「当たり前」のことを当たり前に行えばいいのだ。

すなわち、第一に「顧客との信頼関係をつくる」こと、そして第二に「顧客を理解しようと努力する」こと、そして三、四がなくて第五に「しっかり勉強する」ことである。

第4章

戦略的機能重視

1 マトリックス選択の具体的内容

第2章1および第3章1で筆者は、「今後の厳しい経営環境を考えれば、地銀にとって『選択と集中』という戦略はぜひとも必要であり、健全な『いま』だからこそ、こうした『選択』が可能であるとしたうえで、具体的には、X軸として『コスト重視』『専門性・ホスピタリティ重視』『戦略的機能重視』が、Y軸として『個人重視』『法人重視』からなるマトリックスが、その選択肢である」と述べた。

また、「戦略的機能重視」モデルの「目指す姿」は、取引先のさまざまなニーズに、効率的に応えるシステマティックな仕組みを構築し、結果として、「取引先の自行に対するロイヤリティーを高めることのできる『戦略的機能集団』を指向する銀行である」とした（第1章4参照）。

本章においては、このモデルについて、より詳細に論じていきたい。

2 「機能」の強み

地銀と業種やスケールは異なるが、たとえば、海外のステート・ストリート、バンク・オブ・ニューヨーク・メロン、ＪＰモルガン・チェースなどは、「グローバル・カストディアン」（複数国の有価証券の保管・管理業務を行う者）として、世界で揺るぎない地位を誇っている。また某メガバンクのように、「宝くじ」事業において、実質的に「独占」に近いかたちで業務を行っている銀行もある。

こうした銀行の強みは、世間一般に認知された「優位性」のある「機能」をもつということだ。いま例示したような「大規模」な「戦略的機能」を、これから「新たに」つくりあげるのは「非現実的」であるが、ライバルにない「優位性」のある「機能」をもつことにより、取引先の自行に対するロイヤリティーを高め、競争を有利に戦うことは可能だ。

たとえば、筆者が『地銀連携――その多様性の魅力』で提唱した「地銀共同センター」を活用したビジネスマッチングの実施」（同書第5章）なども、こうした「中規模」の「戦略的機能」の一例であるかもしれない。

こうしたことの一つひとつは「ささやか」なものであるかもしれないが、いくつかの「機能」を併せ持つことにより、その「優位性」が増し、さらには「シナジー効果」が生み出される可能性もある。ただ、こうした「中規模」な「戦略的機能」といえども、次から次へと新たに「生み出す」ことは、そうたやすいことではなく、より取り組みやすい「小規模」な「機能」をあわせて活用することも一つの方策である。

「小規模」といっても、それを「体系的」に整備することにより、「戦略的」な効果を「目指す」ことは十分可能であり、その「潜在能力」は侮れない。

3 いかにして「囲い込む」か

他行との競争が激化するにつれ、地銀は、顧客をいかに自行グループに「囲い込む」かを考え、さまざまな試みを行ってきた。顧客を「囲い込む」とは、顧客のさまざまな「金融ニーズ」のほとんどの部分を、自行グループの商品・サービスで「満たす」ということである。自行グループでの金融サービス提供可能範囲を「囲い」と見立て、そのなかに「居《い》る」顧客がニーズを「発すれば」、自行でタイムリーに商品・サービスを提供する。その結果、自行と顧客の「信頼関係」は増し、ライバルに「付け入る隙」を与えないという戦略である。

しかしながら、顧客の「意志」に反して、こうしたことを行うのは不可能である。この自行の「囲い」のなかに「入る」のは、顧客の自由な「意志」であり、そこから出るのも、顧客の自由な意志なのである。したがって銀行としては、顧客に自分の「意志」に基づいて、自行の「囲い」のなかに入り、さらに引き続き「居続けて」もらうことを望むのである。

それでは、なぜ顧客は自行の「囲い」のなかに「入り」、また「居続けたい」と考えるのか。銀行の担当者が何度も「依頼に来る」からなのか。それとも、何とはなしに「囲い」のなかに入り、その後、外に出るのが「面倒」になっただけなのか。

たしかにそうした要素も「ゼロ」であるとは思わないが、やはりいちばんの理由は、顧客にとって「囲い」のなかが「居心地」よい、言い換えれば「囲い」のなかに居ることに「魅力を感じる」からなのであろう。

4 「仕掛け」の必要性

　しかしながら、銀行が提供する商品・サービスは、預金、融資、為替、投資型商品、保護預りなど、どれも「似たり寄ったり」であり、他行との「差別化」はなかなかむずかしい。したがって、顧客に「魅力を感じる」と思ってもらうためには、商品・サービスではなく（もちろん商品・サービスで「魅力を感じる」場合もあるが）、何か別の「仕掛け」が必要となる。

　そんないい「仕掛け」など、簡単に見つかるわけがない、という向きもあるかもしれない。だが、それほど「むずかしく」考える必要はないのである。銀行では、それを意識する、しないは別として、このような「仕掛け」づくりを従来から行ってきた。それも、大手行というよりは、むしろ地域銀行において数多く行ってきた実績がある。たとえば、個人取引先を対象とした「旅行会」「年金教室」や、主要法人先を対象とした「懇話会」「ゴルフ会」の類である。

また最近では、若いビジネスマンを対象とした「会社帰りの金融セミナー」や、子どもを対象とした「お金の教室」「少年野球（サッカー）教室」（一部の銀行では、こうした子ども向けのイベントを「CSR」の一環として実施しているところもある）なども、そうした「部類」に入るであろう。さらには、地元大学への「寄付講座」の提供や、学生に対する「インターンシップ」の実施（これらは多分に新入行員の「採用」に絡む施策であるかもしれない）なども、その「一例」といってよかろう。

5 体系的な「仕掛け」づくり（X軸）

こうした銀行とのかかわりにおいて、顧客が「やりたい」と思うこと、裏を返せば、銀行が「提供すべき」と思われる「魅力」的な「仕掛け」を「体系的」に整理し、「網羅的」に内容をつくりこんでいけば、顧客の自行に対するロイヤリティーは間違いなく「増していく」ものと思われる。そして、これこそが前述した「小規模」な「戦略的機能」なのである（図表4－1参照）。

それでは、そうした「仕掛け」を、どのように「体系化」するのか。顧客にとっての「魅力」は年齢層によって異なることから、まず年齢別に四つのセグメント分けを行う。すなわち、「1　子ども」「2　大学生」「3　青年」「4　中高年」の四つであり、これらをX軸に置く。

ところで、この分類になぜ「1　子ども」「2　大学生」を含めるのか、と疑問をもつ読者もいるかもしれない。すなわち、彼らが「魅力」を感じ、自行の「囲い」のなかに進んで「居続け」て

図表4－1　「戦略的機能」の規模別具体例

	具体例
大規模	アメリカのステート・ストリートやバンク・オブ・ニューヨーク・メロンなどが行っているような「グローバル・カストディアン」（複数国の有価証券の保管・管理業務を行う者）としての役割
中規模	地銀が共同でITを活用して行う「ビジネスマッチング」の「仕組み」（拙著『地銀連携――その多様性の魅力』第5章「地銀連携の展開(4)――地銀共同センターを活用したビジネスマッチングの実施」参照）
小規模	顧客が銀行とのかかわりにおいて「やりたい」と思うこと、裏を返せば銀行が「提供すべき」と思われるものを「体系的」に整理し、「網羅的」に内容をつくりこんだ「魅力的」な「仕掛け」

も（銀行を利用しないのなら、正確には「囲い」のなかにいる、という表現は適切でないかもしれない）、自行にとってメリットはないのではないか、という疑問である。

これに対しては、一種の「先行投資」である、と説明するほかない。彼らが社会人となり、本格的に「銀行選び」を行う際、それまでに「育まれた」自行に対する「親しみ」や「信頼感」といった「気持ち」が、自行にとり「有利に働く」ように、と期待を込めて行う「先行投資」なのである。

さらに「1　子ども」についていえば、「子ども」が自行の「ファン」になった場合、親はかわいい「わが子」のそうした「気持ち」を無視するわけにもいかず、「親自ら」の「気持ち」を、「わが子」の「気持ち」に「重ね合わせ」、結果として親自身も、間接的に自行の「ファン」になる、という「波及効果」を期待しているのである（このような事例は多数見受けられるようである）。そういう意味からすると、前述した「1　子ども」は、「1　子ども／親」としたほうがより適切なのかもしれない。

6 体系的な「仕掛け」づくり（Y軸）

それでは、Y軸にどういう項目を置くか。顧客が「魅力を感じる」項目とするからには、顧客のニーズ（＝やりたいこと）を置くべきであろう。それも、銀行との「かかわり合い」のなかでの「やりたいこと」ということになる。これも、筆者の独断と偏見で次の四項目とした。すなわち、「A　知識・情報を得たい」「B　自らの意見を反映させたい」「C　体験したい」「D　経済的メリットを享受したい」の四つである。

このX軸・Y軸でできあがったマトリックスは、何も銀行が「売りたい」と思う「もの」（＝商品・サービス）をプロットする目的で作成するのではなく、あくまでも顧客が「やりたい」と思うことを、そして、それは裏を返せば、銀行が「提供すべき」と思われる「もの」（＝「仕掛け」）をプロットするために作成するのである。そして現在、どこかの地銀で行われている（と筆者が理解している）「もの」を「当てはめた」ものが図表4－2（これは個人を対象としたものに限定している）である。

図表４－２　「魅力づくり」の仕掛けの『現状』
（個人を対象としたものに限定）

	1　子ども	2　大学生	3　青年	4　中高年
A　知識・情報を得たい		寄付講座	会社帰りの金融セミナー	年金教室
B　自らの意見を反映させたい				
C　体験したい	・お金の教室 ・スポーツ教室	インターンシップ		旅行会
D　経済的メリットを享受したい				

7 俯瞰図（足りないもの）

これを俯瞰すると、第一に目につくのは、Y軸の「B」（自らの意見を反映させたい）の項目が一つも見当たらないことである。この「B」に並ぶべき項目は、逆に銀行側からみれば、「取引先のニーズ」あるいは「取引先からの銀行評価」を把握するためにはなくてはならない「仕掛け」であり、銀行にとっては「最重要」項目といえるものであろう。銀行では、従来から「顧客アンケート」と称して、さまざまな方法で顧客の「意見」を吸い上げる努力を行っているが、本来もつべき「体系的」で「継続性」のある「顧客意見」吸い上げのためのこうした「仕組み」をいままでもっていなかった、ということではないだろうか。

第二に、Y軸「D」（経済的メリットを享受したい）の項目も同様に一つも見当たらない。「1　子ども」「2　大学生」は「現状、経済力はないが、将来の取引可能性がある」ため、「先行投資」の意味合いでこのマトリックス上、「対象顧客」として「置いた」ものである。

したがって、この「D」に並ぶべき項目の内容は、「1　子ども」「2　大学生」にとり、きわめてインパクトが大きいものと予想され、逆にみるべきものがなければ、その「効果」は限定的とならざるをえない。

第三としては、Y軸「C」（体験したい）の項目で、「2　大学生」「3　青年」に該当するものが一つもないことだ（「2　大学生」には「インターンシップ」がプロットされているが、これは「対象学年」が限定され、内容も「銀行業務」そのもので不十分である）。「体験」の重要性はどの年齢層にもいえることであるが、特に「若いうち」の体験は、その後の「取引拡大」の可能性も高いことから、重視すべきであろう。

さらにいえば、Y軸「A」（知識・情報を得たい）の項目で、「2　大学生」「4　中高年」に該当するもの、またY軸「C」（体験したい）の項目で、「4　中高年」に該当するものが、やや「多様性」に欠けるのは気になるところである。

8 俯瞰図（追加すべきもの）

それでは、このマトリックスに、必要と思われる項目をどう追加していくべきか。とりあえず、その趣旨からして、四つのマス目（A－1、B－1、D－3、D－4）については、該当なし（N／A）とする。まず、Y軸「B」については、「1　子ども」を除いた2～4のすべてを対象とする「アドバイザリー・ボード」（対面・少数）と「アンケート・モニター」（非対面・多数）を設置する（図表4－3のα）。

しかしながら、アドバイザリー・ボードとアンケート・モニターをただ「設置」すればいい、というものではない。

重要なのは、①これを「絶好の機会」ととらえ、両メンバーの意見には「真摯」に耳を傾ける、②両メンバーの要望等はしっかりと「受け止め」、行内で真剣に検討したうえで、その結果を必ず「すみやかに」フィードバックする、③アドバイザリー・ボード・メンバーに対し、自行の「経営状況」「営業活動」等の内容を積極的かつ丁寧に説明する、

図表4－3　「魅力づくり」の仕掛けの『追加』
（個人を対象としたものに限定）

	1　子ども	2　大学生	3　青年	4　中高年
A　知識・情報を得たい	N／A	寄付講座 δ　社会人に向けた金融セミナー	会社帰りの金融セミナー	年金教室 δ　相続・贈与の勉強会
B　自らの意見を反映させたい	N／A	α　アドバイザリー・ボード（対面・少数） α　アンケート・モニター（非対面・多数）		
C　体験したい	・お金の教室 ・スポーツ教室	インターンシップ γ　ゲーム感覚の金融商品の「疑似体験」		旅行会 ε　投資型商品の「疑似体験」
D　経済的メリットを享受したい	β　スポーツ・音楽イベント招待	β　（返済義務のない）奨学金支給	N／A	N／A

ということである。逆にこうした点を疎かにすると「かたちばかり」のものとなり、かえって顧客の信頼を失いかねない。

Y軸「D」に関しては、「1　子ども」向けに、スポーツ、芸術（特に音楽）関連のイベント「招待」等、「本物」を鑑賞できる機会を与えてはどうか。「本物」をみた「感動」は子どもの心に「深く」「長く」残るものである。また「2　大学生」向けには、「奨学金」給付が適当ではないかと考える。昨今、大学の授業料が「高水準」であることは周知の事実であり、一方、「大学生」を抱える家計の「台所事情」はますます厳しくなっていることから、返済義務のない「奨学金」の支給は、「大学生」本人や家族にとって、いちばんうれしいプレゼントになるに違いない（図表4－3のβ）。

Y軸「C」に関しては、「2　大学生」と「3　青年」向けに、『「ゲーム感覚』で楽しめる『金融商品』の疑似体験」の機会提供はどうであろうか。たとえば、投資信託、外貨預金といった「投資型商品」の「購入」、その後の「基準価格」「為替レート」変化の「疑似体験」や、「住宅ローン借入れ」シミュレーション等を体験してもらうのである。このような自己責任による「リスク性商品」の「運用」や、一生のうちでも大きな決断となる「住宅購入・ローン借入れ」にかかわる疑似体験は、その後の長い人生にとって、きわめて貴重な経験になると思われる（図表4－3のγ）。

Y軸「A」の「2　大学生」に対応する項目については、もうすぐ社会人になるという意味から、その準備として「3　青年」に対して行っている「会社帰りの金融セミナー」に準じた内容の「社会人に向けた金融セミナー」を行ってもいいのではないか。また「4　中高年」に対応する項目については、「年金教室」だけでなく、「相続」「贈与」など、もう少しテーマの幅を広げた「勉強会」を行ってもいいかもしれない（図表4－3のδ）。

さらに、Y軸「C」の「4　中高年」に対応する項目についても、特に中年層に対しては、「投資型商品」運用の「疑似体験」（「大学生」や「青年」向けのそれに比べ、やや「ゲーム感覚」を薄めたもの）の設定もおもしろいかもしれない（図表4－3のε）。

9 「仕掛け」づくりのむずかしさ、重要さ

筆者は、いままで述べてきたことを、何も「そのまますべて」実行せよ、といっている

わけではない。一つひとつは「取るに足らない」小さな「仕掛け」であっても、それを「体系的」に整理し、「網羅的」に内容を「つくりこむ」ことによって、顧客にとり大きな「魅力」となりうる。したがって、そうしたことを十分に認識し、独自の「仕掛け」づくりに積極的に取り組むことが、このモデルにおいてはきわめて重要であるといっているのである。

そして、Y軸「A」（知識・情報を得たい）や「C」（体験したい）の内容をさらに充実させることができれば、顧客が自行の提供する「商品・サービス」の「知識・情報を得た」後、シミュレーション上でそれを疑似「体験」し、それに対する「アセスメント（評価）」を「自らの意見」として自行に「反映」してもらう、というまさに「『顧客意見』を取り込んだかたちで、自行の商品・サービスの品質向上にかかわる『PDCA』を回すこと」も可能になると思われる（図表4－4参照）。

前章で筆者は、「専門性・ホスピタリティ重視」のモデルのポイントの一つとして、渉外担当者が「顧客と個々に向き合うなかで」、そのニーズを迅速・的確に吸い上げることの重要性を説いた。そういう意味からすると、この「戦略的機能重視」モデルにおいても、顧客ニーズを吸い上げることの重要性はなんら変わらない。ただし、それを「顧客と

図表４－４　顧客意見を取り込んだ「品質向上」のPDCA

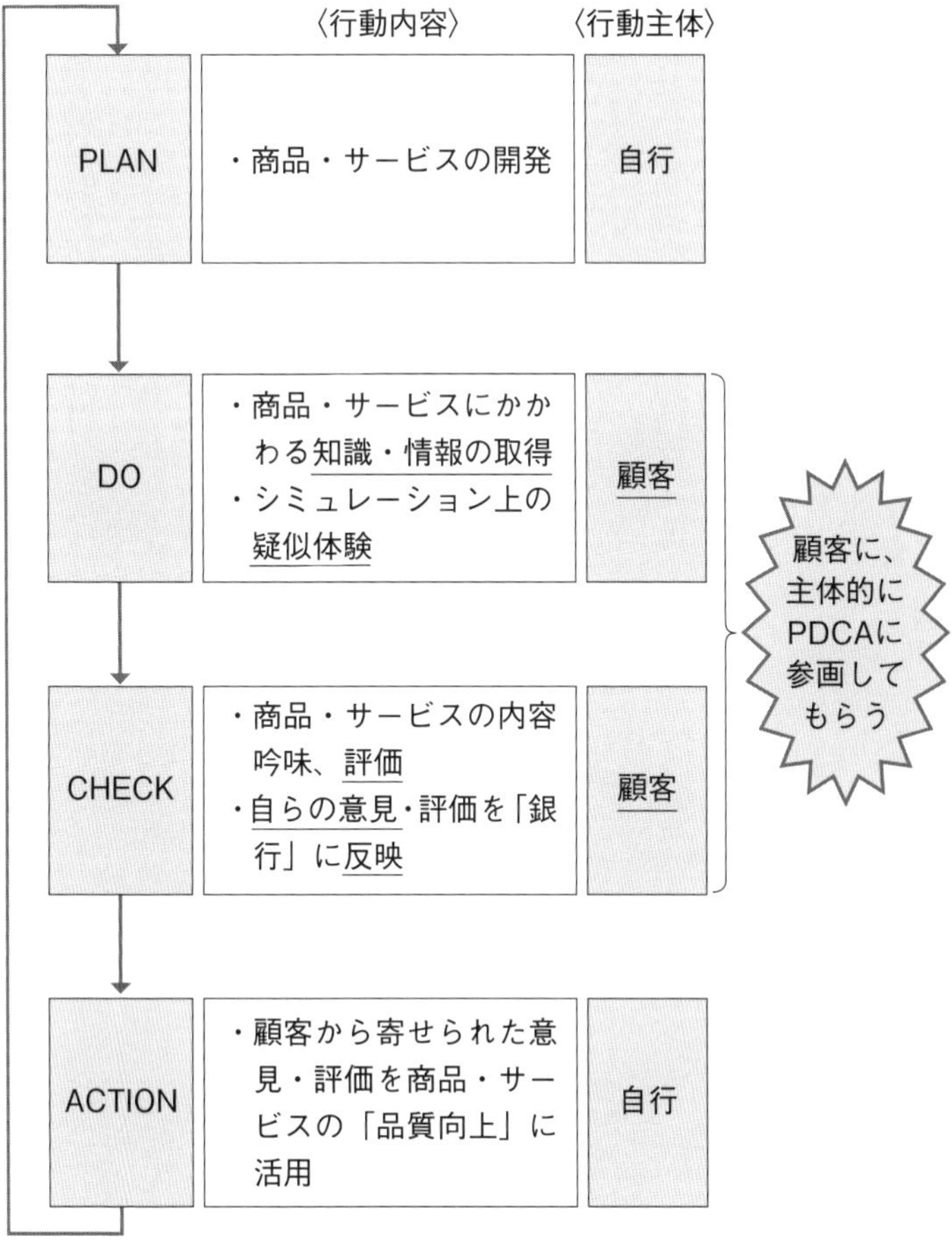

個々に向き合うなかで」行うのではなく、「システマティックな仕組みを通して」行うところに、その違いがあるのである。

こうした「体系的」な「仕掛け」をつくりあげ、運営し、環境変化に応じてチューニング（微調整）していくことの負担は大きい。それは、金銭的出費というだけでなく、これに携わる行員の、「負荷」という意味でも大きいのである。しかしながら、こうした「仕掛け」がいったんできあがり、その歯車が順調に回り始めた「暁」には、顧客にとっての自行の魅力が格段に増し、結果として、ライバルに「付け入る隙を与えない」ことになるに違いないと考えている。

そして、自行商品・サービスの品質向上に関し、「顧客意見を取り込んだ」かたちで「PDCA」を回すことを通じて、顧客の自行に対するロイヤリティーが増し、自行に対する支持が「揺るぎない」ものになるものと、筆者は確信している。

コラム6

ブランド価値とは？（その2）

「顧客との信頼関係をつくる」には、人それぞれ、自分の「流儀」をもっているだろうから、その「やり方」でやればいい。大切なことは、「銀行員」という以前に「一人の人間」として、日頃から顧客に「信頼される」よう行動しているかどうか、である。

いうまでもないが、相手を一人の人間として「尊重」しているか、相手との約束をしっかり守っているか、そして相手に「嫌な思い」をさせていないかなど、まるで子どもに言い聞かせるようなことであるが、逆にそれほど「基本的」なことなのである。

「顧客を理解しようと努力する」こともむずかしくはない。まずは相手の話を誠心誠意、集中して、じっくり聞いてみる。いつも「自分のことばかり」話をしている向きにはつらいかもしれないが、そこはじっと我慢することだ。いうまでもなく、人はそれぞれの「価値観」をもち、それぞれの「人生観」をもっている。そうした相手の話をじっくり聞けば、おのずと相手の一部でも理解できるはずだ。そして、「自分を理解しようとしている」という「努力する姿勢」は相手にすぐ伝わるものである。

「しっかり勉強する」のは当たり前なので省略するが、一つだけいうと、ビジネスに直接かかわることは誰でも勉強する、ただし、それだけでは不十分であり、「一般教養」をできるだけ広く、かつ深く身につけることが重要だ。だからといって、すぐに結果が出ると過剰な期待をしてはいけない。長い人生のなかで、そうしたことが「栄養源」となり、その人の人間としての「幅」をじわじわと広げてくれるのである。

ただし、決して「順序」を間違ってはいけない。「信頼関係」「相手の理解」、そして「勉強」の順である。これを逆にやるとどうなるのか。

たとえば、「相手の理解」を十分にしていないのに、接待の席上で、自分がした「勉強」（以前から知っている知識でももちろん構わない）の話をしてみたとしよう。相手の興味にぴったりと「フィット」する確率は一般的には低いことから、十中八九、先方は興味を示さず、結果として、こちらの「独りよがり」の話題となるであろう。

それでは、相手と「信頼関係」もできていないのに、「相手を理解」しようといろいろ質問したらどうであろうか。「非常に騒がしい人だ」と思われるか、ことによると「この人は何かを探ろうとしている」と「痛くもない腹を探られる」のが落ちである。

やはり、物事には「順序」というものがあり、「信頼関係」「相手の理解」、そして「勉強」の順でやらなければならない。こうしたことを組織の上から下まで役職員全員がしっかり行えば、自行のブランド価値はおのずと上がっていくはずである。

下の者だけにやらせて、自分は「知らぬ存ぜぬ」を通す経営者もたまに見受けられる。しかしながら、それは「経営者もやれば一〇〇%であったのに惜しいことだ」ということには決してならず、「率先垂範」「強いリーダーシップ」という「経営者」としていちばん重要な「資質」が、この経営者には「欠如」している、と厳しく問われることになるのである。そして、それだけではなく、そうした「経営者」をトップとして「いただく」」、その組織自体の「コーポレート・ガバナンス」までもが問われることになる。

したがって、ブランド価値を上げるためには、トップ自ら、「信頼関係」「相手の理解」、そして「勉強」の順で努力することが必要なのである。

第5章

個人と法人

1 マトリックス選択の具体的内容

本書で筆者は、「今後の厳しい経営環境を考えれば、地銀にとっても『選択と集中』という戦略はぜひとも必要であり、健全な『いま』だからこそ、そうした『選択』が可能であるとしたうえで、具体的には、X軸として『コスト重視』『専門性・ホスピタリティ重視』『戦略的機能重視』、またY軸として『個人重視』『法人重視』からなるマトリックスがその選択肢である」と繰り返し述べてきた。

また、①X軸の三つの選択肢は、「経営資源が限られるなか、より効果的な『選択』を行うという前提に立てば、……あくまでもいずれか一つを『選択』し、それに向かって経営資源を『集中投下』することになる」、②一方、Y軸の個人か法人かという問題は、現状、「地銀の主要な取引先として、個人・法人の双方がともに存在することから、どちらか一方の『選択』ではなく、あくまでもいずれかに『重点を置く』という話になる」と論じている。

2 法人取引の重み

地銀にとって、法人取引を行うことの「負担」は、個人取引に比べて格段に重い。すなわち、昨今の「金融工学」の進歩は目覚ましく、デリバティブをはじめとして法人向け商品の内容はますます複雑になり、また、そのラインナップの幅は凄まじい勢いで拡大している。そのため法人渉外担当者としては、そうした新商品の内容を、短期間のうちに、しっかりと理解しなくてはならず、一方、そうした新商品の開発コスト（ＩＴシステムにおけるソフト開発コスト）の負担もきわめて大きい。

したがって地銀としては、法人渉外担当者の継続的な「ブラッシュアップ」と、年々増加するＩＴのソフト「開発コスト」負担に、しっかりと耐えていかなければならない。そんなことは個人取引でも同じではないか、という向きもあるかもしれないが、商品内容の複雑さとその開発スピードの速さにおいて、両者には大きな違いがある。

多くの企業は、すでに海外に生産設備の一部を移し、また、依然として国内景気の「先行き」に対する「不透明感」も残っていることから、今後、国内で企業の設備投資意欲が急速に回復する見通しは立っていない。さらに、「失われた二〇年」の期間を通じて、企業は「バランスシートの健全化」を終了させたうえで、手元流動性を大きく積み上げてきていることから、仮に企業の設備投資意欲が回復したとしても、それが直ちに地銀の企業向け融資拡大につながるかというと、必ずしもそうではない可能性が高いのである。

こうしたなかで、銀行間の競争はますます激しくなり、法人融資を伸ばそうとすれば、新規先や既存先を訪問して、資金需要を開拓するという地銀の「営業努力」は、従来以上に増やさざるをえないと思われる。

さらには、前述した「新商品」関連に限らず、法人取引全体にかかわる地銀のＩＴシステムは、個人のそれに比べ、非常に「重厚」にできており、またコストもかかっている。これにはさまざまな理由があると思われるが、たとえば取引先企業の「財務分析」や「資金管理」、さらには「短期融資」の頻繁な決済・新規を行うため、ＩＴシステムの「つくりこみ」が複雑になっていることもそうした理由の一つであるのかもしれない。したがって、法人取引を今後とも行っていくことは、こうしたＩＴシステムの「維持更新コスト」を将来にわたって負担していかなければならない、ということなのである（図表５－１

図表5－1　法人取引の重み

人的負担	担当者に必要な継続的なブラッシュアップ	金融工学の進歩の結果、商品内容はますます複雑になり、ラインアップの幅は拡大していることから、担当者は新商品の内容を短期間のうちに理解する必要があるなど、継続的なブラッシュアップが必要
人的負担	資金需要開拓のための多大な営業努力	国内で、企業の設備投資意欲が急速に回復する見通しが立ちづらいなか、銀行間の競争はますます激しくなり、法人融資を伸ばそうとすれば、渉外全員の多大な営業努力が必要となる
コスト負担	新商品開発に係る多大なソフト開発費	複雑な新商品を開発するためには、多額のソフト開発費が必要となる。さらに新商品の開発スピードも速いことから、トータルとしてのコスト負担はきわめて大きい
コスト負担	法人取引全体にかかわる重いITシステム	法人取引にかかわるITシステムは個人取引の、それに比べるとかなり「重厚」であり、仮に「新商品」開発等がないとしても、その「維持更新コスト」は多大である

参照）。

3 法人取引に対する「責任」と「自負」

それほど負担が重い「法人取引」であるのなら、思い切って「ゼロ」にするという選択肢は、現実問題としてないのであろうか。これは何も「現在、地銀の主要取引先として個人・法人の双方が存在するので、とても『ゼロ』にはできない」という「現状」をふまえた判断ではなく、将来の「目指す姿」として、はたして可能かどうかということである。

地銀は企業、なかでも中小企業に対して、「円滑な資金供給」を行うという大きな「社会的使命」を負っている。こうしたことは、中小企業の「資金繰り」が厳しいときには特に強く社会から「要請」され、また「公的資金」が注入された場合などには、当該銀行の「経営健全化計画」のなかに必ず「組み込まれる」という、きわめてプライオリティーの高い「事柄」なのである。しかしながら、こうした「社会的使命」だけが、地銀が「法人取引」をゼロにできない「理由」なのであろうか。

実は、「地元に根差し、地元とともに繁栄する」という、地銀ならではの、そもそもの「存在意義」も、もう一つの大きな「理由」なのである。すなわち、「地元の企業・個人の繁栄があるからこそ自分たち地銀も発展できる」という「共存共栄」の考え方である。また、優良な個人取引先が中小企業のオーナーである、という場合も多々あるが、そのようなときに、個人取引は「喜んで」行うものの、法人取引は「拝辞」する、というビジネスライクな「使い分け」は、実際問題、できないのではないかということでもあろう。

また、地銀自体の「責任」「自負」という観点からみても、こうした「法人取引」を「ゼロ」にするということはむずかしいであろう。すなわち、「財務分析」「現場実査」「経営者との面談」などを通じ、最終的にはプロとしての「目利き力」を発揮しながら、企業融資実行の「是非」を決定する一連の「プロの仕事」は、他の企業には到底「真似のできない」、きわめて専門的かつ重要な社会的「機能」「ノウハウ」「財産」である、と地銀自身も認識しており、これに対する「責任」「自負」を「放棄」してまで、ほかに「生きる道」を見出すということに対しては、きわめて大きな「抵抗感」を感じざるをえないということなのである（図表5－2参照）。

図表5－2　地銀が「法人取引」をゼロにできない理由

	具体的な理由
社会的使命	企業、なかでも中小企業に対して「円滑な資金供給」を行うという大きな「社会的使命」を負っており、特に中小企業の資金繰りが厳しいときには強く社会から「要請」される
存在意義	「地元の企業・個人の繁栄があるからこそ、自分たち地銀も発展できる」という「共存共栄」の考え方こそ、そもそもの地銀の「存在意義」であり、簡単にはこれを覆せない
「責任」と「自負」	「財務分析」「現場実査」「経営者との面談」、さらにはプロとしての「目利き力」を発揮して「融資実行」の是非を決定する一連の仕事は、ほかには真似のできない、重要な社会的「機能」であると認識し、これに対する「責任」「自負」を放棄することには抵抗感がある

4 「法人取引」をどの程度行うか

一方、「個人取引をゼロにするという選択肢はありえない」という主張に対して、疑問を抱く読者はまずいないであろう。前述のとおり企業融資が長期低落傾向にあるなかで、実質的に地銀の貸出を支えていたのは紛れもなく、住宅ローンをはじめとした「個人ローン」であり、今後についても地銀の貸出を維持・増加させていくためには、消費系ローンを含めた「個人ローン」全体の拡充を置いてほかにないからである。

しかも、いまや地銀の手数料収入の大きな柱となっているのは個人向け「投資型商品」の販売手数料であり、「フィービジネス」拡大の必要性が叫ばれている昨今、それへの期待は今後さらに増加することはあっても、減少することはないであろう。そして何よりも、個人取引を「ゼロ」にするということになれば、地銀の主要な「預金源」はそのほとんどが「消滅する」ことになり、そもそも「地銀の経営」自体が成り立たなくなるからである。

したがって実際のところ、「個人、法人のどちらに重点を置くか」ということに関しては、「法人取引」をゼロにはしないまでも、どの程度まで残していくのか、ということに限りなく近づくように思われる（誤解のないようにいっておくが、だからといって筆者は何も、個人のウェイトを大幅に拡大しろと主張しているわけではない）。

5 「コスト重視」モデルにおける「留意事項」

次に、各々のモデルにおいて、個人・法人のウェイトづけをする際の「留意事項」について、若干コメントすることとしたい。なお、個人取引先を「一般」顧客と「富裕層」に分け、法人取引先を「中小企業」と「大・中堅企業」にさらに分類することとする。

ところで、「コスト重視」モデルの「目指す姿」は、「将来の『金利競争』をはじめとした、ライバルとのさまざまな『苦しい戦い』に際し、最終的に勝ち残れるよう、恒久的に『ローコスト・オペレーション』を指向する銀行」である。こうした銀行に対する、取引先の「期待」および「満足度」はどのようなものであろうか。

まず法人取引先であるが、「大・中堅企業」に関しては現状、ビジネスライクで借入先を決定している企業が多いことから、仮に戦略的に「低金利」で融資売込みを図ったとしても、「アグレッシブ」な銀行として「一定の評価」を得られるものと考えられる。また、「中小企業」（特に自行がメイン銀行ではない企業先）からも、同様の評価を得られる可能性は十分にあると思われる。

一方、個人取引先にとってはどうであろうか。まず「一般」顧客についていえば、「住宅ローン」であれば「金利が安い」に越したことはないであろうし、またノーロードの（販売手数料のかからない）投資信託の数が増えれば、家計的にも大変助かるであろう。したがって、「低金利」「低手数料」で戦略的に個人マーケットに攻勢をかけた場合、基本的に、「一般」顧客からは「歓迎される」と思われる。しかしながら「富裕層」にとっては、必ずしも同じ受止め方をされるとは限らない。

たとえば「土地持ち」の地主層にとり、「アパート・ローン」の金利が安いのは「歓迎される」と思われるが、資産運用を幅広く行っている「マネーリッチ」層にとっては、「販売手数料」がかからないということよりも、「専門的な助言」や「洗練された接遇」等を望む声のほうがはるかに大きいと思われる。したがって、こうした顧客層に対する「対

図表５－３　個人・法人のウェイトづけにおける留意事項

		コスト重視	専門性・ホスピタリティ重視	戦略的機能重視
個人重視	一　般		B_1	
	富裕層	A		C_1
	中小企業	（注１）	（注２）	
法人重視	大・中堅企業		B_2	C_2

（注１）　特に自行がメイン銀行でない先においては「一定の評価」が得られると思われる。
（注２）　特に自行がメイン銀行である先においては「歓迎される」可能性大。

図表５－４　留意事項の具体的内容

(注)	問題点・影響
A	マネーリッチ層にとっては、たとえば投資信託の「販売手数料」がかからないというよりも、「専門的な助言」や「洗練された接遇」を望む声のほうがはるかに大きいと思われる
B_1	「純負債先」にとっては、低金利ローンの魅力は大きいであろうし、「今後、資産を蓄えたい層」にとっては、ノーロードの投資信託は魅力的であるなど、より「実利」を求める傾向が強い
B_2	現状、最低金利を提示した銀行から借入れを行うなど、ビジネスライクで銀行と付き合う企業が多く、また、きわめて高度な「専門性」を求める企業に対し、ライバルの「大手行」を向こうに回し、有利な競争ができるのか若干の懸念が残る
C_1	基本的には、銀行サービスを個別に「自宅」で受ける（銀行の渉外担当者が個別に自宅を訪問する）ことに慣れているため、時には、他の顧客と「一緒に」受けることになる「仕掛け」に関して、やや抵抗感があるかもしれない
C_2	当該企業を対象に大手行が提供する「電子記録債権」や「資金集中管理サービス」など取引先「囲い込み」の高度な「仕組み」開発において、「互角に戦う」ことがむずかしい場合がある

（注）本図表のＡ～C_2は、図表５－３のＡ～C_2に対応。

応方針」をしっかり考える必要があると思われる（図表5－3および図表5－4のA参照）。

6 「専門性・ホスピタリティ重視」モデルにおける「留意事項」

「専門性・ホスピタリティ重視」モデルの「目指す姿」は、「取引先に真に役立つことを第一に考え、専門的で高品質なサービスを、洗練された接遇を介して提供する『金融のプロ集団』を指向する銀行」である。こうした銀行に対する取引先の「期待」および「満足度」はどのようなものであろうか。個人「富裕層」――なかでも「マネーリッチ」層にとっては、いま説明したとおり、「専門的な助言」や「洗練された接遇」等により満足度は「高まる」ことが十分予想される。

しかしながら、同じ個人でも「一般」顧客はどうであろうか。たとえば「資産」よりも「負債」が多い「純負債先」にとっては、「低金利」ローンの魅力は大きいであろうし、また「今後、資産を蓄えたい」層にとっては、ノーロードの投資信託は「魅力的」であるなど、より「実利」を求める傾向が強いと思われる。

次に、法人取引先はどうであろうか。「中小企業」――なかでも自行がメイン銀行である「中小企業」は、メイン行である自行から、経営にかかわるさまざまなアドバイスを受けたいと期待していることから、個人の「マネーリッチ」層とほぼ同様な反応を示し、基本的には「歓迎される」ことが予想される。

一方、「大・中堅企業」に関しては、現状、最低金利を提示した銀行から借入れを行うなど、ビジネスライクで銀行と付き合う企業も多いことから、必ずしも、こちらの期待どおりには事は運ばない可能性がある。また、きわめて高度な「専門性」を求める企業に対して、ライバルの「大手行」を向こうに回し、有利な競争ができるのか若干の懸念が残るところでもある。したがって、こうした顧客層に対する「対応方針」をしっかり考える必要があると思われる（図表5－3および図表5－4のB_1・B_2参照）。

7 「戦略的機能重視」モデルにおける「留意事項」

「戦略的機能重視」モデルの「目指す姿」は、「取引先のさまざまなニーズに、効率的に応えられるシステマティックな仕組みを構築し、結果として、取引先の自行に対するロイヤリティーを高めることのできる『戦略的機能集団』を指向する銀行」である。こうした銀行に対する、取引先の「期待」および「満足度」はどのようなものであろうか。

まず、個人の「一般」顧客については、前章で述べたように、「銀行とのかかわりにおいて、顧客が『やりたい』と思うこと、裏を返せば、銀行が『提供すべき』と思われる『魅力』的な『仕掛け』を『体系的』に整理し、『網羅的』に内容をつくりこんでいく」ことにより、取引先にとっての自行の魅力は確実に増大していくものと思われる。そしてこうしたことは、法人取引先である「中小企業」に対しても、ほぼ同様な結果を生み出すものと理解している。

それでは、個人の「富裕層」はどうであろうか。「富裕層」は基本的には銀行サービスを、個別に「自宅」で受ける（銀行の渉外担当者が個別に自宅を訪問する）ことに慣れているため、時には他の顧客と「一緒に」受けることとなる「仕掛け」に関して、やや「抵抗感」があるかもしれない。

また、法人取引先の「大・中堅企業」はどうであろうか。こうした企業を対象として、大手行では、「電子記録債権」や「資金集中管理サービス」など、取引先「囲い込み」のための高度な「仕組み」を次々と開発・提供している。これに対し、地銀においても同様のサービスを逐次開発・提供しているものの、大手行の「後塵を拝する」場合も多く、「互角に戦う」ことはむずかしい場合もある。したがって、こうした顧客層に対する「対応方針」をしっかりと考える必要があると思われる（図表5－3および図表5－4のC_1・C_2参照）。

8 個人取引の中身、法人取引の中身

筆者は第1章6でも、Y軸において「個人重視」か「法人重視」かを、その重点の置き

方として選択すべきであると述べた。しかしながら、各モデルにおける「留意事項」として縷々述べてきたように、個人取引先のなかにも「一般」顧客と「富裕層」がおり、また、法人取引先のなかにも「中小企業」と「大・中堅企業」がおり、個々の集団によって、その要求するサービスの内容も大きく異なっているのが実態である。

したがって、「個人取引」にウェイトをかける場合でも、自行は「一般」顧客に「照準」を合わせるのか、それとも「富裕層」にターゲットを絞るのか、また、「法人取引」にウェイトをかける場合でも、「中小企業」に力点を置くのか、はたまた「大・中堅企業」ともそこそこ付き合っていくのかによって、自行の「目指すべき」モデル選択そのものにも大きな影響を与えるものと思われる。

9 法人渉外担当者「復活」のむずかしさ

もう一つ、頭に入れておかなければならない重要なことがある。それは、自行がいったん「個人」「法人」のウェイトを決定し、それに沿って動き出した後、何年かしてその方向性を修正したいと考えたとしても、「一度切った舵は急には元に戻らない」ということである。それは特に「法人」のウェイトを大きく減らした後、すなわち「法人渉外担当者」の数を大きく減らした後、何年か経過してから、やはり「法人」のウェイトを元に戻したいと考えても、そう簡単には「法人渉外担当者」の数は「復活」しない、ということに象徴される。

それはどうしてか。個人渉外担当者に比べて、法人渉外担当者を「育成」するにはより「長い」時間がかかるということと、時間を買う意味で、「中途採用」を行おうとしても、個人渉外担当者とは違い、そういう人材はなかなか「マーケット」には存在しないからなのである。したがって、「法人」のウェイトを大きく減らそうと考えるのであれば、こうした将来の「制約」を十分に理解したうえで、決断を行うべきであると考える。

10 決断へのアプローチ

前述したように、X軸の三つの選択肢とY軸の「個人」「法人」のウェイトづけの選択は、完全に「独立」したものではなく、図表5－3のように、自行が個人の「一般」顧客、「富裕層」、法人の「中小企業」「大・中堅企業」のどこに注力するかによって、「微妙に」制約を受ける可能性があるのである。

しかしながら、図表5－3のA、B、Cが記載されたマス目（網がかかった部分）に該当するY軸の選択肢は、それに対応するX軸の選択肢と絶対に「相いれない」ということではなく、それを選ぶのであれば、その「問題点」「影響」に十分「留意」しながら、なんらかの「対応方針」をしっかり考える必要がある、ということなのである。

自行の営業地盤と経営資源（ヒト・モノ・カネ）をよく見定め、X軸の三つの選択肢との「相性」も考慮しながら、具体的に、個人・法人のどの層の顧客をターゲットとするのかを見極めるなかで、「個人」「法人」のウェイトづけを的確に行っていくことを期待したい。

コラム7　女性経営塾（その1）

浜銀総合研究所で、平日夜間、一時間半程度の「女性経営塾」を都合四回開催した。対象は、現役の女性経営者、将来社長を継ぐ若手女性、そして将来「経営者」を目指す会社勤務の女性たちである。講師陣は、地元新聞社の女性幹部、家業（中小企業）を継いだ若手女性経営者、地方公共団体の女性幹部、公益企業地元支店の女性幹部等さまざまである。

基本的には、「講演」を柱としたセミナー形式で行ったが、最終回は母体行の女性支店長一名も交えた四～五名のパネラーに、弊社の女性アナリストをモデレーターとして参加させ、慣れないなかでのパネルディスカッションも実施した。参加者は平均すると毎回二〇～三〇名程度とやや「小ぶり」ではあったが、アットホームな雰囲気のなかで講演後の質疑応答も進められ、初めての企画としてはまずまずの出来栄えであったと喜んでいる。

なぜ「女性」経営塾なのか、と他人に聞かれたことがある。一言でいえば、男性参加者が圧倒的に多い普通の「経営塾」では「ありきたり」でつまらないから、というのが本音である。ただ、筆者が銀行で人事担当役員を務めていた際、「女性」（それも実力のある女性）に「それなりの」ポジションで活躍してもらうことの「むずかしさ」を「身に染みて」体験していたので、ぜひこの企画を実現したい、という思いも一方であったのも事実である。

銀行でも、「女性にもっと重要なポストで活躍してもらいたい」という声は経営陣を中心に根強くあり、実際、銀行の仕事のなかで、女性に向いている「管理職」ポストはそれなりにある。たとえば、営業店の「内部事務」や「窓口」を担当する課長・課長代理などのポストは、そうした例の一つであろう。すなわち事務に「精通」したうえで、事故対応など事務上のさまざまな判断を迅速に行い、また顧客の「細かな」表情や反応を見極めたうえで、「適切な」顧客対応を行うといった仕事は女性に向いているものと思われる。

しかしながら、一般的に女性は、そうした「管理職ポスト」へのチャレンジに「躊躇」し、「実力」のある女性でも「いい意味」での「上昇志向」がそれほど強くないのは非常に残念だ。そこで、人事部サイドでは個別面談をするなど、あの手この手で有望な女性の「背中を押す」努力をする。

どうして「躊躇」するのか？——それは、女性のほうが一般的に「謙虚」かつ「完全主義」（いい意味でいっている）のところがあり、「自分のような実力では、とても重責は務まらない」というきわめて真面目な「思い」が一つ。そしてもう一つは、やるとなれば（特に家庭のある方は）家族の理解や協力が必要となり、かつ自らも家庭との両立という意味でいままで以上に大変になる、と考えるからであろう。そして、それはそのとおりなのである。

第6章

モデル選択と地銀連携

1 マトリックス選択の具体的内容

「地銀連携」は、たとえれば一種「防波堤」のようなものである。ある程度の高さの水であれば「民家」を守ってくれるが、水の高さが一定水準を超えた途端、それぞれの「民家」が、たとえば玄関に「土嚢」を積んでおくとか、あるいは一階部分は車庫にして玄関を二階にしておく、といった個々の「防衛策」をとっていない限り、「浸水」は免れない。

したがって、地銀各行も「地銀連携」という「防波堤」のなかで、それぞれの銀行が「自らの頭」で考えた「自行の進むべき道」という「防衛策」を検討し、決定しなければ、将来のさらなる「繁栄」「安泰」は望めない。

そして、そうした「自行の進むべき道」を検討するに際しては、「選択と集中」による「独自モデル」の決定がぜひとも必要であり、健全な「いま」だからこそ、こうした「選択」が可能なのである。具体的には、X軸として「コスト重視」「専門性・ホスピタリティ重視」「戦略的機能重視」、またY軸として「個人重視」「法人重視」からなるマトリックスがその「選択肢」である。

また、各々のモデルの「目指す姿」として、まず「コスト重視」モデルは「将来の『金利競争』をはじめとした、ライバルとの『苦しい戦い』に際し、最終的に勝ち残れるような『体力』をもてるよう、恒久的に『ローコスト・オペレーション』を指向する銀行」であり、「専門性・ホスピタリティ重視」モデルは「取引先に真に役立つことを第一に考え、専門的で高品質なサービスを、洗練された接遇を介して提供する『金融のプロ集団』を指向する銀行」である。

さらに、「戦略的機能重視」モデルは、「取引先のさまざまなニーズに、効率的に応えられるシステマティックな仕組みを構築し、結果として、取引先の自行に対するロイヤリティーを高めることのできる『戦略的機能集団』を指向する銀行」である。

2 選択と連携の相性

地銀各行がこうした意見に「耳を傾け」、仮に「自行の進むべき道」としての「選択肢」

を決定した際、次にポイントとなるのは、筆者が拙著『地銀連携――その多様性の魅力』で述べてきた連携の「具体的施策」と、どう整合性をとっていくのかということである。

当然のことながら、自行が選択した「モデル」と自行が参画する地銀連携の「具体的施策」との「親和性」が高ければ、当該地銀にとってのメリットは大きい。逆に、両者の「親和性」が必ずしも高くない場合は、やむをえず、そのどちらかにベクトルをあわせざるをえない。

筆者が前掲書『地銀連携――その多様性の魅力』第6章「地銀連携の新たな『魅力づくり』を目指して――連携はそれぞれの地銀の多様性を高める」において、「目的指向」の「テーマ別機能共有、データ共用、人材共育型」あるいは「ITシステム共用型」の地銀連携として示した六つの「具体例」（図表6－1参照）を、その「親和性」という観点から「選択と集中」のマトリックス上にプロットしたものが図表6－2である。

これをみると、「コスト重視」モデルには「ITシステム（主として勘定系）の共同化」と「信用リスク情報統合システム（CRITS）の共同開発」が、「専門性・ホスピタリティ重視」モデルには「ビッグデータを使ったマーケティングモデルの共同開発」「融資判断・営業推進に資する産業調査専門チームの共同設置」「取引先を対象とした有料コン

図表6－1　地銀連携の「切り口」を変えた分類

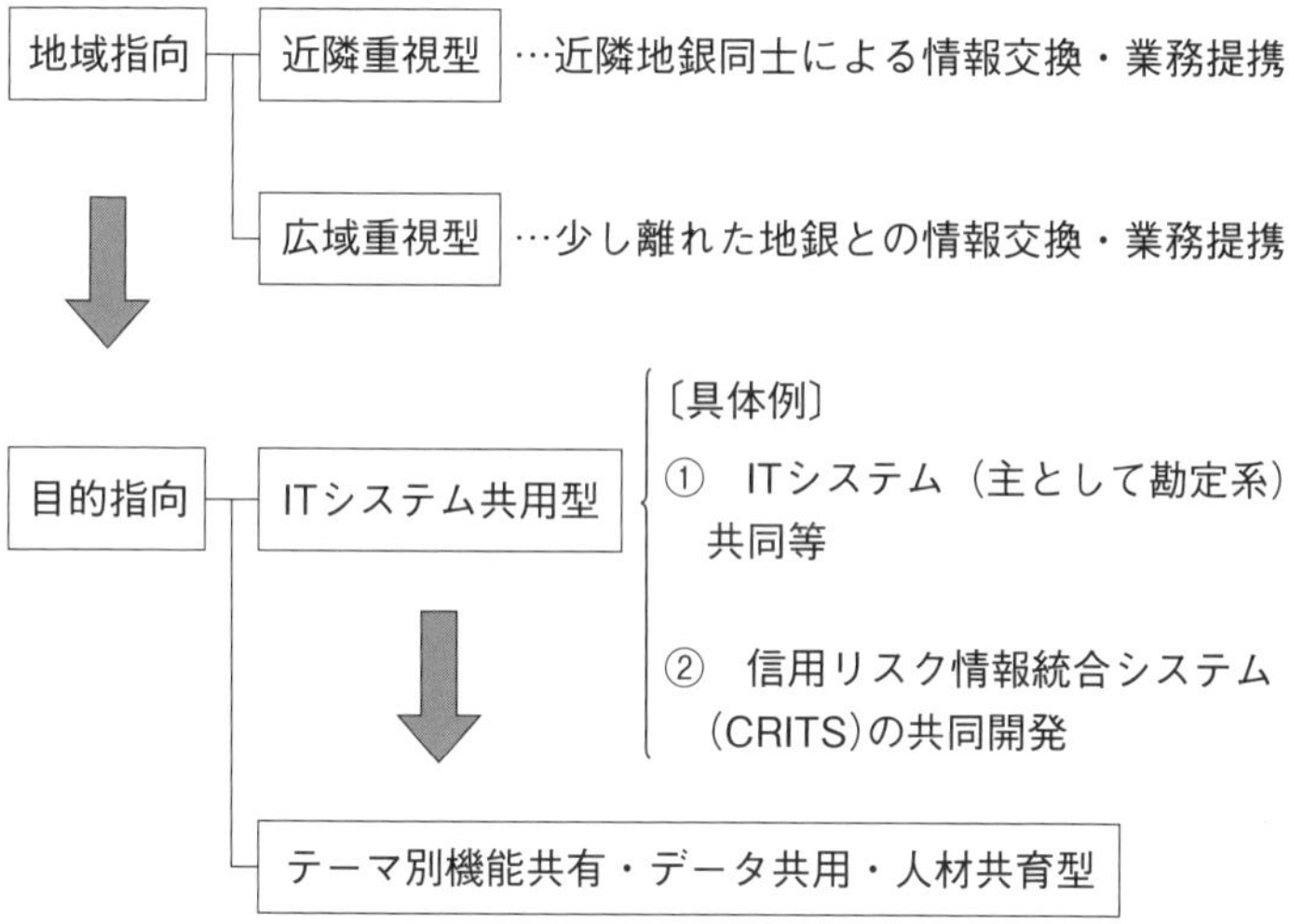

〔具体例〕

①　ビッグデータを使ったマーケティングモデルの共同開発（拙著『地銀連携――その多様性の魅力』第4章に掲載）

②　融資判断・営業推進に資する産業調査専門チームの共同設置（同上書第3章に掲載）

③　取引先を対象とした有料コンサルティング専門チームの共同設置（同上書第2章に掲載）

④　地銀共同センターを活用したビジネスマッチングの実施（同上書第5章に掲載）

（注）　上記「具体例」の④は、分類するとすれば、前掲書『地銀連携――その多様性の魅力』で提唱した「戦略共創・ノウハウ共有型」に分類される。

（資料）　伊東眞幸『地銀連携――その多様性の魅力』144頁（金融財政事情研究会）

図表6－2　「3つの選択肢」と地銀連携の「具体的施策」

	コスト重視	専門性・ホスピタリティ重視	戦略的機能重視
個人重視		ビッグデータを使ったマーケティングモデルの共同開発	
	ITシステム（主として勘定系）の共同化		
法人重視	信用リスク情報統合システム（CRITS）の共同開発	取引先を対象とした有料コンサルティング専門チームの共同設置 融資判断・営業推進に資する産業調査専門チームの共同設置	地銀共同センターを活用したビジネスマッチングの実施

サルティング専門チームの共同設置」が、また、「戦略的機能重視」モデルには「地銀共同センターを活用したビジネスマッチングの実施」が、それぞれ「親和性」の高い地銀連携の「具体的施策」であることがわかる。

3 「専門性・ホスピタリティ重視」モデルとの親和性

「専門性・ホスピタリティ重視」モデルと親和性の高い地銀連携の「具体的施策」として、上記のとおり三つをあげたが、このうち読者からいちばん賛同を得やすいものは、なんといっても「取引先を対象とした有料コンサルティング専門チームの共同設置」であろう。すなわち、取引先のさまざまなニーズに「相対」で的確に応えていくためには、専門知識が必要であり、そうした意味でコンサルタントの経験・ノウハウはきわめて有用だからである。

「融資判断・営業推進に資する産業調査専門チームの共同設置」はどうであろうか。法人取引先のニーズを的確に把握するためには、当該取引先の置かれた「ビジネス環境」を十分に理解することが何よりも重要だ。そして、そのためには取引先が「身を置く」業界のことを、まずもってしっかりと理解することが必要となる。

個別行として、産業調査にそれほど人員を割くことができない地銀にとって、多くの業種の分析結果をシェアすることができる、「産業調査専門チームの共同設置」はきわめて有益である。

以上の二つは、どちらかというと「法人取引先」がその対象であったが、三つ目の「ビックデータを使ったマーケティングモデルの共同開発」は、当面は個人取引先をその対象とした地銀連携の「具体的施策」である。

すなわち、個人の取引先は中長期的にみて、自らの「ライフステージ」に応じて起きてくるさまざまな「イベント」を想定し、その際、どの程度の資金が必要であり、そのために比較的余裕のある現在、どのような貯蓄・運用を行うべきか等について、専門的な知識をもつ「金融のプロ」のアドバイスを必要としている。

そうしたなかで、ビックデータを使ったマーケティングモデル活用によるタイムリーな商品の紹介・情報提供は、取引先からみた自行の「信頼性」アップに貢献するに違いない。

4 「戦略的機能重視」モデルとの親和性

「戦略的機能重視」モデルと親和性の高い地銀連携の「具体的施策」として、「地銀共同センターを活用したビジネスマッチングの実施」をあげた。すなわち、地銀連携によりつくりあげる「共同ビジネスマッチングセンター」を有効に活用して、「信頼できる情報」を取引先に提供し、ひいては取引先の「事業拡大」に貢献する、というこうした仕組みは、取引先にとって間違いなく大きな「魅力」となるであろう、との考え方からである。

5 「コスト重視」モデルとの親和性

「コスト重視」モデルと親和性の高い地銀連携の「具体的施策」として、「ＩＴシステム

（主として勘定系）共同化」と「信用リスク情報統合システム（ＣＲＩＴＳ）の共同開発」をあげたが、これに対して疑問をもつ読者はいないと思われることから、その具体的な説明は省略する。

6 俯瞰図（追加すべきもの）――「専門性・ホスピタリティ重視」モデル

図表６－２を俯瞰した第一印象としては、一部のモデルに地銀連携の「具体的施策」が「偏っている」、ということと、全体として「具体的施策」の数が「少ない」ということである。地銀各行が「自行の進むべき道」という「防衛策」を決定し、それに向かってさまざまな努力を行うにしても、「地銀連携」という「防波堤」は高ければ高いほど、すなわち、「具体的施策」の数は多ければ多いほどいい、という考えである。

まず、「専門性・ホスピタリティ重視」モデルとの「親和性」が高い地銀連携の「具体的施策」として「追加」すべきものの一つは、個人取引先を対象とした「ビッグデータを

図表6－3　「3つの選択肢」と地銀連携の「具体的施策」（追加策）

	コスト重視	専門性・ホスピタリティ重視	戦略的機能重視
個人重視		ビッグデータを使ったマーケティングモデルの共同開発（個人向け）	C　顧客にとり魅力的な「仕掛け」づくりのコンテンツ共有
	ITシステム（主として勘定系）の共同化		
	↓ F　「共同化」の「広さ」「深さ」「参加行数」の拡大によるコスト削減強化	取引先を対象とした有料コンサルティング専門チームの共同設置	地銀共同センターを活用したビジネスマッチングの実施
		融資判断・営業推進に資する産業調査専門チームの共同設置	
	信用リスク情報統合システム（CRITS）の共同開発	A　ビッグデータを使ったマーケティングモデルの共同開発（法人向け）	D　M&A関連情報マッチングの共同実施（仮称）
法人重視		B　法人渉外担当者育成のための「教育研修カリキュラム」の共同開発	E　取引先の海外進出支援、海外現地サポートの共同実施

（注）　A～Fが追加すべき「具体的施策」。

使ったマーケティングモデルの共同開発」の「法人版」である。すなわち、こうしたマーケティングモデルの「有用性」は、何も個人取引先に限ったものではないことから、法人取引先を対象としたものについても「具体的施策」に織り込むべきと考える（図表6－3のA参照）。

また、第3章4で筆者は、プロとしての「法人渉外担当者」となるためには、企業分析、資産査定、融資審査、業界調査、マーケット関連、国際業務、ストラクチャード・ファイナンス、M&A・事業承継といった科目の習得が必要であるが、これらについては残念ながら、外部機関が実施する適当な最上位の「検定」「養成コース」が現状、見当たらないことから、自行内部で内製化せざるをえないのが実情だ、と述べた。

しかしながら、こうした「教育研修カリキュラム」の開発は、法人渉外の「実践」を通して得られるさまざまな「知見」を具体的に織り込むことがその「成功の秘訣」であると思われることから、地銀連携による「ノウハウの共有化」はきわめて有益であると思われる。したがって、これについても「具体的施策」に織り込むべきと考える（図表6－3のB参照）。

7 俯瞰図（追加すべきもの）──「戦略的機能重視」モデル

次に、「戦略的機能重視」モデルとの「親和性」が高い地銀連携の「具体的施策」として「追加」すべきものの一つは、顧客が銀行とのかかわり合いのなかで「やりたい」と思うことを「体系的」に整理し、「網羅的」に内容をつくりこんだ魅力的な「仕掛け」づくりである。こうした「仕掛け」のコンテンツは、地銀各行がさまざまなかたちでノウハウとして蓄積していると思われることから、「具体的施策」の一つとして加えるべきと考える（図表6－3のC参照）。

また、「戦略的機能重視」モデルというからには、「地銀共同センター」を活用したビジネスマッチングの実施」以外にも、こうした「中規模」の「戦略的機能」をいくつか「ラインアップ」として取り揃えることが必要である。

拙著『地銀連携──その多様性の魅力』第5章4では、「M&A関連ニーズ」を「事が事だけに関係者を限定せざるをえず、その情報の取扱いにはきわめて慎重にならざるをえない」という理由で、「地銀連携」の対象からあえて外した経緯がある。しかしながら、当該ニーズにかかわるマーケットが今後、拡大する可能性を考えれば、「M＆A関連情報マッチングの共同実施（仮称）」として、独立した「具体的施策」として取り上げることも必要となろう（図表6－3のD参照）。

さらに、「取引先の海外進出支援、海外現地サポート」にかかわる地銀連携の「具体的施策」についても、多くの関係者から期待されているところである。地銀の取引先が今後進出を考えている地域、あるいはすでに進出している地域は、「東南アジア」を中心としたアジア地域が圧倒的であるが、こうした地域において支店あるいは現地法人を有している地銀は非常に限定されている。

そうしたなかで、地銀各行は「海外駐在員事務所」の開設や現地有力銀行との提携により、取引先に対する「海外現地サポート態勢」の強化を図っているが、残念ながら、そのサービス内容に「限界」があるのも事実である。こうした状況をふまえ、取引先に「ワンランク上」のサービスを提供するためにも、地銀連携の「具体的施策」を検討することはきわめて重要であると思われる（図表6－3のE参照）。

8 俯瞰図（追加すべきもの）——「コスト重視」モデル

最後に、「コスト重視」モデルとの「親和性」が高い地銀連携の「具体的施策」として追加すべきものはあるだろうか。コスト（経費）削減に関して「地銀連携」の対象となりうるものは「人件費」ではなく「物件費」である、ということに異論はないであろう。筆者は第2章9で、物件費は「『大きな案件』ばかりでなく、その多くは『小さな案件』の積重ねである」と述べたが、その数少ない「大きな案件」の筆頭はなんといっても「ＩＴシステム関連経費」である。

この「ＩＴシステム関連経費」を削減する目的で、従来から地銀の間では、さまざまなグループに分かれ、「ＩＴシステム共同化」が行われている。しかしながら、その「共同化」の具体的「内容」についてはグループによって大きく異なり、その目的である「コスト削減」効果も、「共同化」の「内容」により大きな違いがあるのが実情である。

この「共同化」の「内容」は、一般的には、その「広さ」と「深さ」、さらには「参加行の数」によって決まる、といわれている。「広さ」とは、勘定系、情報系、対外系、バッチ系等のうち、どの「系」を対象とするかということである。また「深さ」とは、データセンターだけを共用するのか、それに加えて、そのなかに置くハードウエアも共用とするのか、はたまた上記の二つに加えてソフトウエアまで共用とするのか、といった選択である。

当然のことながら、より「広く」、より「深く」、「参加行の数」が多い

図表6－4　運営経費の多寡を決める「ITシステム共同化」の内容

	具体的内容
広　さ	勘定系、情報系、対外系、バッチ系等のうち、どの系を共同化の対象とするのか
深　さ	データセンターだけを共用するのか、それに加えハードウエアも共用するのか、この2つに加えソフトウエアまで共用するのか
数	当該「共同化」グループに参加する銀行の数

↓

より「広く」、より「深く」、「参加行の数」が多い「共同化」グループほど、1行当りの「ITシステム関連経費」は安くなる

「共同化」グループほど、一行当りの「ITシステム関連経費」は安くなる。したがって今後は、現在ある「ITシステム共同化」の各グループが、「システム更改時期」の到来を機に、より「広く」、より「深く」、「参加行の数」が多い「共同化」に「深化」していくことが重要であり、そういう方向に向かって進むことが地銀連携のさらなる強化につながるものと考えるのである（図表6－3のF、図表6－4参照）。

9 「モデル」と「具体的施策」の相互依存

筆者は、三つのモデルの違いを十分に咀嚼しながら、各モデルが地銀連携の「具体的施策」にそれぞれどの程度「依存」するものなのか、について思いをめぐらせた。いままでみてきたように、選択と集中のどのモデルにとっても、「親和性」の高いとされる地銀連携の「具体的施策」はきわめて「有用」であり、ある意味、その強力な「サポート」がなければ、地銀各行の「選択と集中」の効果も「おぼつかない」というのが実態である。

しかしながら一方で、一つのモデルを「選択」した地銀が、そのモデルが「目指す」方向に全力で「邁進《まい》」すればするほど、「親和性」の高い「具体的施策」にも積極的に「参画」することになり、結果として、当該「具体的施策」もさらに充実したものになるという、ある意味「相互依存」関係にあるのも事実である。

したがって地銀としては、どのモデルを選択すると、その強力なサポートとなる地銀連携の「具体的施策」が存在するかをしっかりと見極めつつ、総合的な判断のもと、自らの進むべき方向性を選択していくことになる。逆にいえば、こうした「具体的施策」であれば多少なりとも自行も「貢献」できる、というアプローチから、自行の「モデル」を検討し、選択するという方法もあるかもしれない。

⑩ 勇気ある決断

三つの「銀行モデル」のうち、どれがいちばんいい、という絶対的な「優劣」はない。個々の地銀が存する地元マーケットの状況、自行の経営資源（ヒト・モノ・カネ）の状況、今後の日本の銀行業全体の「行方」に対する経営者の「洞察」、そして、各モデルと「親和性」の高い地銀連携の「具体的施策」の内容ならびに自行の貢献できる可能性などを総合的に勘案し、最終的に自行にあった「モデル」を選択すべきであろう。

選択する「銀行モデル」が何であれ、その選んだ「モデル」において「秀で」、「一目置かれる」銀行になることこそがいちばん重要なのである。「選択」することはむずかしく、また、それが自行の将来の「在り様」を決定づけていくと考えると、その「決断」の重みは計り知れない。しかしながら、経営者たるもの「決断」することは避けて通れず、「現状のまま」でいることの「リスク」の大きさも勘案しながら、健全な「いま」だからこそ、地銀はそうした「選択」をすべきだ、と筆者は考える。

将来が「見通せない」不透明な時代において、自行の将来のため、すなわち自行の取引先・行員・株主といったすべてのステークホルダーのためにも、地銀経営者の将来を見据えた、「選択と集中」という「勇気ある決断」を心より期待するところである。

コラム8

女性経営塾（その2）

コラム7で紹介した「経営塾」を受講した後、聴衆である女性の方々に、「よし、私も頑張ろう！」と思ってもらえるような「企画」にしたい、と筆者は考えた。そのため女性講師には、これまで立派なキャリアを積み重ねてこられたなかで「苦労したこと」「つらかった」ことや、まさに「いちばんのチャレンジ」だと思ったこと、などをお話しいただきたい、そして、そうしたなかで、自分としては「常にこういう生き方をしたい」と考えている「信念」のようなものがあれば、ぜひともご紹介いただきたい、とお願いした。

最終回のパネルディスカッションが終わり、「参加された方々に一言お願いしたい」と出演者に依頼すると、一人の女性パネラーが発言した。

「私は、昔、こういう女性向けのセミナーというのは正直いって嫌いでした。なぜって、何も『女性』にだけ、というように区別する必要はないと思っていたからです。ただ、最近になって、こういうセミナーも『悪くない』、いやそれ以上に『大事だな』と思うようになりました。それは、自分以外は全員男性というような職場で仕事をしていると、『私は男性とは違うから』というような、何か『甘え』のようなものが「知らず知らずのうちに自分の考えの前提になっている」のに気がついたんです。ところが、こうした女性だけの会ですと、当然そんなことはいえない。他の人の話を聞き、たとえば、自分と『同条件』である女性のAさんが、こういうことにチャレンジし、成果をあげたという話を聞けば、それは『凄い』、と『よい意味で刺激を受ける』ことができるんです」

まさに女性にしか語れない話であった。

また最終回だけ、パネルディスカッション終了後に「懇親会」を開いたのだが、そのなかで聴衆である一人の男性が発言した。

「自分はいままで、女性の社会進出は必要だし、今後も応援していきたいなどと公言していたが、今日の皆さんの話をお聞きし、女性が男性と同じように働くことがいかに大変なのかが本当によくわかりました。そして自分はいままで、そうしたことを、実はまったく理解していなかったんだなあ、とつくづく感じました。今日は聴衆として女性のほうが圧倒的に多いと思いますが、こういう話は同性である女性が聞くのと同じくらい、異性である自分たち男性も聞くべきだ、と強く思いました。まずはお互いの理解が必要だと思います」

こうした男性が多ければ、女性の社会進出はもっとスムーズに進むだろうと思った。とにかく、こういう「場」を少しでも多くつくることが、そして少しでも多くの男女に参加してもらうことが重要であるということを、筆者も十分確認することができ、大変有意義であった。

おわりに

第3章8で、筆者は「『コスト重視』モデルがある意味、『マネジメント』の優劣で、その成否が決まり、また、『戦略的機能重視』モデルが、効率的に顧客を囲い込む『戦略的機能』の優劣で、その成否が決まるのに対し、『専門性・ホスピタリティ重視』モデルはまさに行員一人ひとりの、そしてそれをまとめた銀行全体としての『サービスの質』の優劣で、その成否が決まる」と述べた。

ただ、どのモデルを選択するにせよ、地銀には第一に注力しなければならないことがある。それは「自行幹部」の「マネジメント力」の強化である。「頭取」一人ではない。「役員」だけでもない。本部の部長、グループ長、それに支店長等をも含めた「自行幹部」全体の「マネジメント力」の強化である。

「マネジメント力」なら、せいぜい頭取を含めた「役員」がもっていれば十分ではないか、という向きもあるかもしれない。

しかしながら、それで自分たちが決定した「モデル」を目指して、「態勢」を整え、全行一丸となって邁進していくことが本当にできるのであろうか。残念ながら、答えは「否」である。

幸か不幸か、筆者は、自行が非常に厳しい経営環境に置かれた折、さまざまな「貴重な経験」をすることができた。そうした経験から、「経営方針・態勢の大転換」が成功する「鍵」は、その具体的な「実行計画」を、どれだけ「手早く」かつ「的確に」取りまとめ、それを実行に移せるか、にあると認識している。

そして、実行計画の「取りまとめ」や「実施」における実質的な「差配」は、トップの「信頼」を得た「自行幹部」が行い、その「マネジメント力」の優劣が「実行計画」ひいては「経営方針・態勢の大転換」そのものの成否を決めるものと確信している。適切なたとえではないかもしれないが、「軍隊」の強さが、「兵」を率いる「士官」の「優秀さ」にかかっているのと同様である。

したがって、こうした「自行幹部」の「マネジメント力」の強化を図らずに、言い換えれば、「精鋭部隊」の中核となるべき優秀な「士官」を育てずに、軍隊の「編成」や「司令官」の人選を考え、また、より多くの「兵」を集めるようなことばかりしていても「強い」軍隊はつくれず、結果として厳しい「戦い」には勝つことはできない。

「M&A」などもある意味「経営方針・態勢の大転換」であり、「統合後」に自行幹部の「マネジメント力」を強化するのではなく、「平常時」から各々の銀行で優秀な「士官」育成を図らなければ、「期待する効果」の出現など望むべくもないのである。

何も焦ることはない。要は、「目指す目標（＝選択肢）」が何であれ、自行の実質的な「中核」となるべき幹部の「マネジメント力」の強化を「地道に」行い、自行の「戦力」を高めたうえで、全行一丸となって邁進し、「その道」（＝選択肢）に「秀で」「一目置かれる」銀行になることこそが、何よりも重要なのである。

謝辞

一作目の『地銀連携――その多様性の魅力』（金融財政事情研究会、二〇一四年五月）に引き続き、事あるごとに、筆者に的確なアドバイスをしていただいた『週刊金融財政事情』編集長の花岡博氏、また、タイトなスケジュールのなかで、このようなかたちで二冊目の出版の取り計らいをしていただいた一般社団法人金融財政事情研究会出版部の伊藤洋悟氏には、あらためて感謝申し上げたい。

最後に、家族に感謝したい。

娘・沙織は二〇一四年三月に無事、ロンドン郊外の高校を卒業し、翌四月からは日本の大学の観光学部に通っている。二〇二〇年の東京オリンピック／パラリンピック開催を展望した「賢い選択」となることを心より期待している。

また、妻・知歌子はライフワークである日本語教師の仕事にウィークデーは忙殺され、余暇としてバイオリンの練習に精を出している。あまり根を詰めて「身体を壊さないでほしい」と心より願っている。

常に筆者を支え、励ましてくれた妻と娘に心から感謝したい。本書を家族に捧げる。

【ら行】

【わ行】

【さ行】

【た行】

■事項索引■

■ 著者略歴 ■

伊東　眞幸（いとう　まさき）

1978年3月一橋大学経済学部卒業、同年4月横浜銀行入行。1986年米国ミシガン大学経営大学院入学（銀行派遣）、1988年同大学院修士課程修了（MBA）。2000年5月秘書室長、2004年6月執行役員営業統括部長、2005年6月執行役員経営企画部長、2006年6月取締役執行役員経営企画部長を経て、2008年4月代表取締役。2012年6月株式会社浜銀総合研究所代表取締役社長に就任、現在に至る。2013年4月より、横浜市立大学国際総合科学部非常勤講師。
著書に『地銀連携――その多様性の魅力』（金融財政事情研究会、2014年5月）がある。

地銀の選択――一目置かれる銀行に

平成26年9月9日　第1刷発行
平成27年2月12日　第4刷発行

著　者　伊　東　眞　幸
発行者　小　田　　　徹
印刷所　図書印刷株式会社

〒160-8520　東京都新宿区南元町19
発　行　所　**一般社団法人 金融財政事情研究会**
編 集 部　TEL 03(3355)2251　FAX 03(3357)7416
販　　売　**株式会社 き ん ざ い**
販売受付　TEL 03(3358)2891　FAX 03(3358)0037
URL http://www.kinzai.jp/

ISBN978-4-322-12596-2